Schule ohne Nebenwirkungen

Paul Klingen

Schule ohne Nebenwirkungen

Wie Kinder und Eltern die Schulzeit
gut bewältigen

Patmos Verlag

VERLAGSGRUPPE PATMOS

PATMOS
ESCHBACH
GRÜNEWALD
THORBECKE
SCHWABEN

Die Verlagsgruppe
mit Sinn für das Leben

MIX
Papier aus verantwor-
tungsvollen Quellen
FSC® C103849

Für die Schwabenverlag AG ist Nachhaltigkeit ein wichtiger Maßstab ihres Handelns. Wir achten daher auf den Einsatz umweltschonender Ressourcen und Materialien. Dieses Buch wurde auf FSC®-zertifiziertem Papier gedruckt. FSC (Forest Stewardship Council®) ist eine nicht staatliche, gemeinnützige Organisation, die sich für eine ökologische und sozial verantwortliche Nutzung der Wälder unserer Erde einsetzt.

Bibliografische Information der Deutschen Nationalbibliothek
Die Deutsche Nationalbibliothek verzeichnet diese Publikation in der Deutschen Nationalbibliografie; detaillierte bibliografische Daten sind im Internet über http://dnb.d-nb.de abrufbar.

Umschlaggestaltung: Finken & Bumiller, Stuttgart
Umschlagabbildung: © Burkhard Finken
Druck: Schätzl Druck & Medien e.K.
Hergestellt in Deutschland
ISBN 978-3-8436-0063-7

Inhalt

Einleitung

Was will dieses Buch?

Erinnern Sie, liebe Leserinnen und Leser, sich noch an Ihre eigene Schulzeit? Wenn ja, fallen Ihnen dazu vermutlich eine ganze Reihe von schönen, aber auch von weniger angenehmen Erlebnissen und Geschichten ein. Dabei spielen dann ehemalige Mitschülerinnen und Mitschüler ebenso eine Rolle wie bestimmte Lehrerinnen und Lehrer. Wahrscheinlich gibt es ganz spezifische Erinnerungen an bestimmte Fächer, etwa Deutsch, Mathematik, Musik oder Sport, oder auch an markante Anlässe außerhalb des Unterrichts, z. B. eine Klassen- oder Kursfahrt, ein Schulfest, die Mitarbeit in der Schülerband usw. In Ihrer persönlichen Bilanz überwiegen – so vermute und hoffe ich – eher die positiven Erfahrungen; die negativen haben Sie vielleicht verdrängt oder verarbeitet.

Inzwischen schauen Sie als Mutter oder Vater auf die Schule. Sie erleben so gewissermaßen die Schulzeit erneut, aber jetzt in einer völlig anderen Rolle. Denn nun sind Sie Beobachter, Begleiter und Unterstützer Ihres eigenen Kindes, das Sie lieben und dessen Wohlergehen Ihnen am Herzen liegt. Sehr wahrscheinlich fühlen Sie sich mitverantwortlich dafür, ob Ihr Kind beispielsweise gerne in die Schule geht, dort mitkommt und einen Abschluss schafft, der ihm eine möglichst optimale Lebens- und Berufsperspektive verschafft. Sie freuen sich mit Ihrem Kind, wenn es in der Schule gut läuft, und Sie leiden mit, wenn es Schwierigkeiten und Enttäuschungen gibt.

Unterstütze ich mein Kind richtig, bin ich ein guter Begleiter auf seinem Weg? Und lernt es das Richtige? Kommt es in der Schule gut mit? Fühlt es sich in der Klasse wohl? Das sind Fragen, die sich nahezu alle Eltern immer wieder stellen. – Als Vater oder Mutter werden Sie aber auch auf die Schule und die Lehrerinnen und Lehrer schauen und sich fragen, ob diese denn ebenfalls gute Unterstützer und Begleiter sind. Was ist denn z. B. mit dem häufigen Unterrichtsausfall und den Spontan-Vertretungen, oder mit jenen Lehrkräften, die wegen mangelhafter Vorbereitung ganze Unterrichtsstunden mit privaten Erzählungen bestreiten? Und bekommt Ihr Kind von seinen Lehrern gelegentlich auch einmal einen Hinweis zum individuellen Lernen, oder ist das der absolute Ausnahmefall? Wenn Sie erleben, wie Ihre diesbezüglichen Nachfragen und Hinweise am Elternsprechtag versanden oder sich gar zum Nachteil Ihres Kindes auswirken, dann stellen sich schnell Gefühle von Enttäuschung, Wut und Ohnmacht ein. Sie fühlen sich hilflos – ein Zustand, der nicht nur Sie selbst, sondern auch Ihr Kind belastet und sich auf sein Verhältnis zur Schule auswirken kann. Unter Umständen entsteht so ein Teufelskreis, dem nur schwer zu entrinnen ist und der Familien und Kinder krank machen kann. Eine Bekannte hat den enormen Druck, den sie als Mutter von zwei schulpflichtigen Söhnen während der gesamten Schulzeit verspürt hat, bei der Abiturfeier ihres jüngsten Sohnes mit folgenden Worten auf den Punkt gebracht: »Gott sei Dank; jetzt fängt für unsere Familie und mich ein neues Leben an. Nie mehr Stress mit Lernen, Schule und Lehrern!« Diese und ähnliche Aussagen waren es letztlich, die mich mit veranlasst haben, das vorliegende Buch zu schreiben, mit dem Ziel aufzuzeigen, wie »Schule ohne Nebenwirkungen« möglich wird.

Ich selbst erlebe die schwierige Seite der Schule täglich aus zwei sehr unterschiedlichen Perspektiven: Zum einen als Vater von teilweise noch schulpflichtigen Kindern, zum anderen als langjähriger Ausbilder von angehenden Lehrerinnen und Lehrern. Beide Erfahrungsfelder lassen den Schluss zu, dass vieles, was mit Schule, Unterricht und Erziehung zu tun hat, schiefläuft und es dringend geboten ist, dass sich hier etwas ändert. Dies gelingt aber nur, wenn sich alle Beteiligten ihrer Verantwortung und Möglichkeiten nicht nur bewusst sind, sondern in der Folge auch entsprechend handeln. Eine Voraussetzung ist sicher, dass Eltern, Schüler und Lehrer miteinander ins Gespräch kommen und gemeinsam nach Lösungen suchen: Lösungen, die vor allem den Kindern und Jugendlichen dienen und das gemeinsame Ziel einer bestmöglichen Schule im Blick haben.

Im begrenzten Rahmen eines Buches ist es nicht möglich, für jedes individuelle und schulisch bedingte Problem die entsprechende Lösung bereitzustellen. Was ich aber möchte, ist, Wege aufzuzeigen,

- wie Sie und Ihr Kind die Schulzeit erfolgreich bewältigen und was Sie selbst dafür tun können,
- wie Sie mit schwierigen Lehrerinnen und Lehrern umgehen können,

- wie Sie es schaffen können, Einfluss zu nehmen auf das, was in der Schule passiert.

Veränderungen beginnen bei Ihnen selbst und in Ihrer Familie. Wer die eigenen Möglichkeiten und Spielräume erkennt und *aktiv nutzt*, schafft die Voraussetzungen für einen Wandel auch im weiteren Umfeld – also beispielsweise der Schule. Daher soll in *Teil 1* dieses Buches zunächst aufgezeigt werden, wie Sie Ihr Kind stärken und welche Werte Sie ihm – nicht nur für die Schulzeit – mitgeben können. Parallel dazu soll in einem kleinen Exkurs angeregt werden, was Sie selbst zur Erhaltung Ihrer eigenen Gesundheit tun können. Kinder zu unterstützen, zu begleiten und zu erziehen braucht Gelassenheit, Ausdauer und Kraft. Sorgen Sie als Vater oder Mutter also auch gut für sich selbst.

In *Teil 2* geht es darum, die Schule als System zu begreifen und sich dabei auch etwas intensiver mit den Lehrerinnen und Lehrern zu beschäftigen. Auf dieser Basis lassen sich dann Lösungsansätze für schulisch bedingte Konfliktsituationen finden und umsetzen. Das können Anlässe und Probleme mit dem eigenen Kind oder fremden Kindern sein, vor allem aber auch problematische Verhaltensweisen von Lehrerinnen und Lehrern oder Konflikte mit der Schulleitung. Hierzu erhalten Sie in *Teil 3* des Buches alle wesentlichen Informationen und Tipps.

Das Buch ist so aufgebaut, dass typische Alltagsszenen, charakteristische Probleme oder auch Thesen bzw. Zitate die meisten Kapitel einleiten. Ich freue mich, wenn es mir auf diese Weise gelingt, Ihre Neugier zu wecken. Im weiteren Verlauf der Kapitel finden Sie dann jeweils die nötigen Hintergrundinformationen. Anregungen und Tipps runden die einzelnen Kapitel ab.

Lassen Sie mich an dieser Stelle noch ein Wort des Dankes sagen. An erster Stelle gilt es meinen Kindern zu danken, die immer wieder von ihren positiven wie negativen Erlebnissen in der Schule berichtet und damit einen zentralen Ansatzpunkt dieses Buches geliefert haben. Meine Tochter Katharina hat aus der Perspektive einer bereits erwachsenen Schülerin jedes Kapitel gegengelesen und mir wichtige Rückmeldungen zur Stimmigkeit und sprachlichen Form des Gesagten gegeben. Danken möchte ich auch meinem Freund Patrick, der mich ermutigt hat, dieses Buch zu schreiben und ebenfalls darüber wachte, dass ich nicht zu sehr in die Lehrersprache verfalle. Ganz besonders danke ich auch Frau Ute Schnell-Micka, die mit ihrer Expertise als Schulpsychologin sowohl die sachlichen Ausführungen als auch die persönlichen Empfehlungen kritisch geprüft und mir damit zusätzliche Sicherheit gegeben hat. Dank gebührt aber auch meiner Lektorin, Frau Dr. Christiane Neuen, die sich für mein Buchprojekt engagiert und dann mit ihren Impulsen für die entsprechende Ausrichtung gesorgt hat, sowie Frau Judith Mark, die mit ihrer redaktionellen Arbeit am Text wesentlich dazu beigetragen hat, dass er anschaulich und gut lesbar geworden ist.

Vor allem aber danke ich meiner Frau, die stets da war, wenn unsere Kinder jemand brauchten, der sich nicht nur um ihre schulischen Belange einfühlsam gekümmert hat. Ihr ist in weiten Teilen zu verdanken, dass unsere Kinder die Schulzeit gut ausgehalten und – ohne mit ihren Nebenwirkungen konfrontiert zu werden! – bewältigt haben. Und ich versichere Ihnen, das war bestimmt nicht immer einfach.

Schlaglichter auf Schule und Familie

Kinder und Jugendliche müssen in die Schule gehen. Warum das so ist und was sie davon haben (sollten), das beschreibt Hartmut von Hentig sehr anschaulich in seinem Buch *Warum muss ich zur Schule gehen?*[1] Übrigens eine prima Lektüre für alle, die besser verstehen wollen, was es mit schulischer Erziehungs- und Bildungsarbeit auf sich hat.

In der Schule verbringen Kinder einen Großteil ihrer Tages- und Lebenszeit. Und dies gilt nicht nur für Schüler an Ganztagsschulen. Berücksichtigt man die Vor- und Nachbereitung des Unterrichts, z. B. durch Hausaufgaben oder Vorbereitung auf Tests, Referate, Klassenarbeiten und Klausuren, dann bleibt gar nicht mehr so viel Freiraum für Ausgleich und Muße, für Freizeit und Hobbys. In manchen Fällen haben Kinder eine Arbeitswoche, die der eines Erwachsenen in nichts nachsteht. Inwieweit für ein Kind daraus Stress entsteht, ist natürlich individuell sehr verschieden. Was für das eine Kind bereits stark belastend sein kann, bewältigt ein anderes mit Leichtigkeit. Insofern sollte man bei zusätzlichen Aktivitäten von Kindern und Jugendlichen immer die persönliche Situation genauer anschauen. Grundsätzlich aber gilt, dass Kinder und Eltern während der Schulzeit gut auf sich und ihre Gesundheit achten sollten. Dabei sind stabile und positive Beziehungen im häuslichen Umfeld und ein netter Freundeskreis ebenso wichtig wie eine gesunde Lebensführung (ausreichend Schlaf, gesunde Ernährung, ausreichende Bewegung, moderater Bildschirmkonsum …). Aber auch die Unterstützung des Kindes bei seinen schulischen Verpflichtungen (durch Anteil-

nahme, Ermutigung, Lob, Führung und konstruktiv-kritische Beglei-
tung) spielt eine wichtige Rolle. Allerdings können Erwachsene ihre
Kinder nur dann sinnvoll unterstützen, wenn sie sich selbst gesund erhalten und zudem wissen, auf welche Werte und Ziele hin sie ihr Kind begleiten und fördern wollen.

Eigentlich sollte auch die Schule alles nur Mögliche tun, damit Kinder gerne dort hingehen, sich wohlfühlen, nicht krank werden, und dies
trotz – oder sollte ich besser sagen: wegen? – der nötigen Anfordernisse
an das Lernen und Leisten. Erwiesen ist, dass Kinder und Jugendliche
dann gerne in die Schule gehen, wenn sie sich dort aufgehoben und wertgeschätzt fühlen. Und am Unterricht nehmen sie gerne teil, wenn sie die
Erfahrung machen, dass die Themen und Inhalte viel mit ihnen persönlich zu tun haben bzw. auch aus ihrer Sicht bedeutsam erscheinen; wenn
sie erleben, dass sie *persönlich* beim Lernen angemessen unterstützt, gefördert und gefordert werden, und natürlich, wenn sie Wissens- und
Könnensfortschritte machen.

Hier und da sind diese privaten und schulischen Voraussetzungen tatsächlich erfüllt. Aber die Wirklichkeit zeigt doch sehr oft ein anderes
Bild: Auf der einen Seite über- bzw. unterforderte Kinder. Nicht selten
auch erschöpfte Eltern, aber auch mangelhafte Erziehungs- und Beziehungsarbeit im privaten Umfeld. Oftmals auch Jugendliche, die nur das
Nötigste für die Schule tun. Auf der anderen Seite aber überforderte oder
wenig motivierte Lehrerinnen und Lehrer, die nur bedingt Interesse an
den Kindern und Jugendlichen entfalten und für die es primär darauf
ankommt, den Stoff durchzubekommen. Diese negativen Ausgangsfak-
toren können eine äußerst ungünstige Gemengelage ergeben, die nicht
selten zu einem Teufelskreis von Ärger, Stress, Missverständnissen, Ohn-
machtsgefühlen oder gegenseitigen Schuldzuweisungen und Vorwürfen
führt. Schule kann Kinder aber auch krank machen, wenn diese dort
durchgängig überfordert sind und/oder es ihnen nicht gelingt, Teil der
sozialen Gemeinschaft zu werden, wenn sie im Extremfall gar Opfer von
Ausgrenzung, Mobbing und Gewalt werden.

Lassen Sie uns im Folgenden schlaglichtartig fünf typische Situationen anschauen, die zeigen sollen, an welchen Stellen Sie als Eltern in
diesem Buch Hilfe finden können. Darüber hinaus ermöglichen Ihnen
die Szenen einen ersten Einblick in die hier behandelten Inhalte und
Themen.

Szene 1:

Ihr Kind kommt aus der Schule und Sie fragen: »Na, wie war's heute?«
Wie immer sind Sie gespannt, wie Ihr Sohn oder Ihre Tochter reagiert.
Und da Sie nur das Beste für Ihr Kind im Blick haben, hoffen Sie, dass
die Antwort in etwa so lauten wird: »Mama, es war heute richtig gut.
Erst Mathe, dann Bio und zum Schluss Sport – das war zwar anstrengend, hat aber auch Spaß gemacht.« Oft brauchen Sie gar nicht erst zu
fragen, sondern sehen Ihrem Kind schon an Gesicht und Körpersprache
an, wie es ihm geht. Aber wie soll man sich verhalten, wenn Tochter oder
Sohn sichtlich bedrückt aus der Schule kommen? Das Kind erst einmal
in Ruhe lassen, es sofort in den Arm nehmen, gemeinsam auf die Lehrer
schimpfen … oder ein Trostpflaster in Form von Essen oder Bildschirmkonsum anbieten?

Szene 2:

Sie gehen zum Elternabend und sind neugierig auf das, was der Lehrer
Ihnen zu berichten hat. Und dann erleben Sie, wie dieser sich nur entlasten und Sie als Verbündete gewinnen will, um mehr Ruhe in seinem
Unterricht zu haben. Dabei wissen Sie aus den Erzählungen Ihres Kindes
und anderer Eltern, dass die Klasse Ihres Kindes zwar in der Tat ganz
schön quirlig ist, die Hauptursache für die Unruhe jedoch im langweili-
gen Unterricht eben dieses Lehrers liegt. Was tun? Unmittelbar aufste-
hen und den Raum verlassen, nach dem Elternabend mit dem Lehrer alleine sprechen, sich erst bei anderen Eltern Verbündete suchen; oder doch
lieber ganz auf Einsprüche verzichten, um Ihr Kind vor möglichen negativen Reaktionen der Lehrkraft zu schützen?

Szene 3:

Sie haben ein Kind, das plötzlich gar nicht mehr gerne in die Schule
gehen möchte. Irgendetwas scheint da schiefzulaufen. Sie machen sich
Sorgen, sprechen Ihr Kind auf mögliche Probleme an, bekommen aber
letztlich keine befriedigende Antwort. Ihnen geht alles Mögliche durch
den Kopf: Vielleicht hat das was mit einzelnen Schülern in der Klasse zu
tun. Manchmal drangsalieren ja ältere Schüler die Jungs der niedrigeren
Klasse, oder die Mädchen »zicken« und lästern herum, weil ein Kind
nicht im Trend liegt. Oder hat Ihr Kind Angst zu versagen, weil es den
Leistungsanforderungen nicht mehr gewachsen ist? Wie soll man sich
hier verhalten: Abwarten, bis sich der Gemütszustand des Kindes ändert;
ein Gespräch mit dem Klassenlehrer führen, obschon Sie wissen, dass

dieser selbst wenig über seine Schüler weiß; eine Freundin oder einen Freund Ihres Kindes befragen?

Szene 4:
Ihr Kind hockt sehr viel zu Hause am Computer. Ihnen ist klar, dass das in der heutigen Zeit ziemlich normal ist und man es nicht so ohne Weiteres verbieten sollte. Dennoch ist Ihnen wichtig, dass Ihr Kind sich öfters an der frischen Luft bewegt, sich regelmäßig mit Freunden trifft und sich insgesamt mehr für andere Menschen interessiert. Was können Sie tun? Mit Computerverbot drohen, sonstige Sanktionen aussprechen oder doch lieber auf den obligatorischen Konflikt verzichten, damit alles nicht noch schlimmer wird?

Szene 5:
In der Klasse Ihrer Tochter ist schon im letzten Schuljahr der Englisch-Unterricht mehrfach ausgefallen, weil die Lehrerin krank war. Nun ist sie erneut dienstunfähig. Zunächst werden die Stunden mehr schlecht als recht von sich abwechselnden Lehrkräften vertreten. Nach Ihrer Einschätzung werden die Schüler dabei allerdings eher beschäftigt als systematisch unterrichtet. Als sich herausstellt, dass die erkrankte Lehrerin längerfristig ausfällt, soll eine Referendarin, die gerade mit ihrer Ausbildung begonnen hat, den Unterricht übernehmen. Sie machen sich ernsthaft Sorgen um die Unterrichtsqualität und den Lern- und Leistungszugewinn Ihres Kindes.

Ich gehe davon aus, dass Ihnen die geschilderten Phänomene mehr oder weniger bekannt vorkommen. Natürlich kann man in solchen Problem- und Konfliktsituationen auch »intuitiv« richtig handeln. In der Mehrzahl der Fälle ist es aber klüger, bewusst und so abgeklärt wie möglich an die Situation heranzugehen und dabei die Ausgangsbedingungen sowie die Ziele aller Beteiligten im Auge zu behalten. Dazu möchte dieses Buch Ihnen Anregungen und Tipps geben.

Teil I
Grundlagen schaffen –
Kinder stärken und erziehen

I. Kinder stärken

Kinder brauchen ein gutes persönliches Grundgerüst, um in der Schule ebenso wie im sonstigen Leben mit Ansprüchen und Herausforderungen klarzukommen. Dazu gehört ein stabiles Wissen darum, wer sie sind und was sie können, ebenso wie gewisse soziale Kompetenzen. *Um beides zu vermitteln, ist Grundvoraussetzung, die eigenen Kinder anzunehmen und sie im wahrsten Sinne des Wortes zu lieben.* Erst auf dieser Basis kann man ihnen den Rücken stärken, Mut machen und die nötigen Schritte zu einer umfassenden Erziehung gehen.

Im folgenden Abschnitt möchte ich Ihnen Anregungen dazu geben, wie Sie Ihr Kind stärken können, damit es neben den alltäglichen Herausforderungen auch die schulischen Einflüsse und Aufgaben verkraften und gut meistern kann. Dabei sind vor allem folgende Ansatzpunkte bedeutsam:

(1.) die Entwicklung eines *positiven Selbstkonzeptes* unterstützen; (2.) *Gesundheit* und gesundes Verhalten fördern; (3.) individuell geeignete *Frühförderung*.

Wie Sie Ihrem Kind zu einem positiven Selbstkonzept verhelfen

Moritz ist ein 14-jähriger, aufgeweckter Junge. Heute steht in der Schule eine Klassenarbeit in Mathe an. Moritz hat sich gut auf diese Arbeit vorbereitet und ist zuversichtlich, dass er das packt. Gut gelaunt verlässt er das Elternhaus und macht sich auf den Weg in die Schule. Unterwegs trifft er seinen Freund Johannes aus der Nachbarschaft, der ebenfalls nicht dumm ist, aber dennoch mit einer gewissen Anspannung in die Schule geht. Er macht sich Sorgen, ob er die Mathe-Arbeit schafft. Gut gelernt hat er eigentlich.

Wie ist das unterschiedliche Befinden der beiden Jungen zu erklären? Zu vermuten ist zunächst einmal, dass beide auch im Wesen sehr verschieden sind: der eine von Geburt an eher unbeschwert und locker, der andere ernst und stetig prüfend. Aber auch das Umfeld und die Erziehung haben sicher ihre Wirkung gehabt und zeigen Einfluss auf das Verhalten. Denn Menschen machen sich im Verlauf ihrer Entwicklung ein Bild von sich selbst. Es entsteht durch die vielfältigen Erfahrungen mit der Umwelt und deren subjektive Deutung. Vor allem die eigenen Bewertungen und Überzeugungen darüber, wer man ist und was man erreichen und ausrichten kann, beeinflussen das Handeln jedes Einzelnen von uns. Am Beispiel von Moritz und Johannes soll im Folgenden verdeutlicht werden, welche Auswirkungen unterschiedliche Selbstbilder haben können:

Übersicht 1: Unterschiedliche Selbstbilder

Moritz denkt vermutlich:	Johannes denkt vermutlich:
»Ich kann das. – Die Klassenarbeit wird schon nicht zu schwer sein. – Egal, was darin vorkommt und was später meine Eltern und Freunde sagen, ich werde es gut überstehen.«	»Hoffentlich geht das nicht schief. – Vermutlich sind die Aufgaben zu schwer. – Wenn es schiefgeht, dann wird das echt schlimm und ich bekomme eventuell auch zu Hause Ärger.«

Unser Selbstbild hilft uns dabei, unsere »eigene« Welt innerlich zu ordnen und mit den Herausforderungen des Lebens besser zurechtzukommen. Das gilt für Erwachsene wie für Kinder in allen Bereichen des Lebens. Es beeinflusst die Motivation ebenso wie die Erfolgszuversicht, die Freude an Sport, Spiel und Bewegung, die Gestaltung von zwischenmenschlichen Beziehungen und vieles andere.

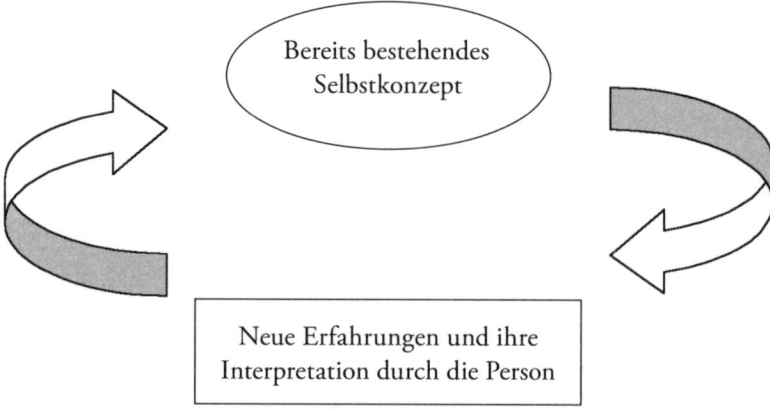

Man ist sich in der Wissenschaft einig, dass Selbstkonzepte in einem Wechselwirkungsprozess entstehen. Einerseits ist das bestehende Selbstkonzept Ausgangspunkt dafür, wie wir unsere Umwelt wahrnehmen, deuten und schließlich handeln. Andererseits führen *neue Erfahrungen* auch zu einer Veränderung unseres Selbstkonzeptes. Dieser Zusammenhang ist deshalb wichtig, weil man als Vater und Mutter oder als Lehrer in der Schule darauf hoffen kann, dass man durch entsprechendes Verhalten auch das Selbstkonzept eines Kindes oder Jugendlichen positiv beeinflussen kann. Von besonderer Bedeutung ist dabei das *Selbstwertgefühl* sowie – eng damit verknüpft – das *Körperkonzept*. Lassen Sie uns beides im Folgenden einmal näher anschauen.

Das Selbstwertgefühl

> *Wenn ein Mensch weiß, wer er ist, hat er keine Angst, verschlungen zu werden. Wenn er über Selbstvertrauen und Selbstwertgefühl verfügt, hat er keine Angst, verlassen zu werden.*
>
> J. Bradshaw

Das Selbstwertgefühl eines Menschen kann als ein vielschichtiges psychologisches, emotionales und soziales Gebilde betrachtet werden, das sich aus verschiedenen Komponenten zusammensetzt. Diese Komponenten wirken wechselweise zusammen und werden darüber hinaus von jedem Menschen anders wahrgenommen und gewichtet.

Übersicht 2: Komponenten des Selbstwertgefühls

Komponenten	*einige Merkmale*
Sicherheit/ Zuversicht	• Fähigkeit, sich wohlzufühlen und sicher zu sein, getreu dem Motto »Mir passiert hier nichts«; »Ich werde aufgefangen, egal was passiert«. • Vertrauen in andere aufbauen können. • Wissen, was erwartet wird und dass man sich auf andere Personen verlassen kann. • Regeln und Grenzen verstehen und sich damit zurechtfinden.
Man-selbst-Sein/Individualität	• Die Individualität kann gelebt werden, man kann sich als unverwechselbare Persönlichkeit entfalten.

Komponenten	einige Merkmale
	• Man hat eine realistische und zugleich positive Sicht auf die *eigenen* Möglichkeiten und Grenzen und kann damit konstruktiv umgehen. • Man kann mit sich und seinem Körper, seinem Aussehen gut umgehen.
Zugehörigkeit/ Akzeptanz	• Sich dazugehörig und anerkannt fühlen. • Sich als bedeutsam für Beziehungen (z. B. in der Familie oder in der Gleichaltrigen-Gruppe) erleben und von Dritten respektiert werden. • In der Lage sein, zu kooperieren, Mitgefühl zu zeigen.
Sinnhaftigkeit/ Lebensmotivation	• Sich realistische Ziele setzen und diese aktiv verfolgen können. • Bereit sein, Initiative zu zeigen und Verantwortung zu übernehmen sowie die Konsequenzen zu tragen.
Kompetenz/ Selbstwirksamkeit	• Vertrauen in die eigene Leistungsfähigkeit • Bewusstsein von Stärke und Fähigkeiten zumindest in den als wichtig erachteten Lebenszusammenhängen. • Eigene Schwächen akzeptieren können.

Man geht nach heutigem Forschungsstand davon aus, dass jeweils ca. 50 Prozent der Persönlichkeitsmerkmale eines Kindes genetisch und 50 Prozent umweltbedingt sind. Und dies scheint auch für das Selbstwertgefühl zuzutreffen. Seine Stärkung gehört demzufolge zu den wichtigsten Aufgaben derjenigen, die mit Kindern zu tun haben – als Vater oder Mutter, Lehrerin oder Erzieher, als Großeltern oder auch als ältere Geschwister. Wirksam Anteil nehmen, unterstützen und ermutigen kann darüber hinaus nur jemand, der selbst über ein stabiles Selbstwertgefühl verfügt.

Tipps

• Gestalten Sie Ihren Alltag nach Möglichkeit so, dass sich bei Ihnen selbst Zufriedenheit, Sicherheit und Gelassenheit einstellen können. Bemühen Sie sich aktiv um eine *Balance* zwischen An- und Entspannung, Arbeit und Freizeit. Besonders wichtig: ein netter und aufbauender Freundeskreis sowie familiärer Rückhalt.

• Machen Sie sich hin und wieder klar, dass Ansprüche und *Erwartungen an das eigene Kind* stets auch Ursachen in der eigenen Persönlichkeit, in eigenen Vorlieben, Wert- und Zielvorstellungen haben. Fragen Sie sich hin und wieder einmal: Warum ist es für mich und unsere Familie wichtig, dass unser Kind dieses und jenes tun, machen, erreichen, verfolgen etc. soll? Sofern Sie dann feststellen, dass es vor allem für Sie selbst wichtig ist, gehen Sie bitte einen Gedankenschritt weiter: Inwiefern stehen meine Maßnahmen und Erwartungen ggf. im Widerspruch zu den oben angeführten fünf Merkmalen des Selbstwertgefühls? Lassen Sie sich von eventuellen Widersprüchen dazu anregen, die eigenen Erwartungen zu überdenken.

Was Sie tun können, damit Ihr Kind ein Gefühl von Sicherheit entwickelt:
- Ihr Kind kann sein Sicherheitsgefühl am besten entwickeln, wenn es *Liebe, Verlässlichkeit und Vertrauen* erlebt. Es braucht die Erfahrung, dass seine Eltern auch dann Zuneigung, Interesse und Anteilnahme zeigen, wenn die kleinen und großen Krisen sein Leben erfassen, wenn es Schwächen zeigt oder plötzlich ganz eigene Wege geht.
- Selbstverständlich sollte man sich als Vater oder Mutter bemühen, Dinge zu verhindern, die zweifellos zu bleibenden Schäden beim Kind führen bzw. deren Konsequenzen von den Kindern oder Jugendlichen noch nicht abgesehen werden können. Darüber hinaus sind ein *konsequentes Festhalten an Überzeugungen*, die nötige *Standhaftigkeit* und auch eine gewisse *Konfliktfähigkeit* für die Entwicklung des Sicherheitsgefühls von Kindern ebenfalls sehr wichtig.
- Natürlich ist es wünschenswert, wenn Kinder in *intakten Familien* mit verlässlichen und dauerhaften Beziehungen leben. Das stärkt zweifellos das Sicherheitsgefühl. Insofern sollten Eltern versuchen, eine Trennung zu vermeiden. Allerdings weisen Kinderpsychologen immer wieder darauf hin, dass ein dauerhaftes Aufwachsen in einer *brüchigen Elternbeziehung* mehr Stress und Leid erzeugt als ein harter Trennungsschnitt mit klaren Regeln. Für Trennungskinder vermindert sich das Risiko negativer Konsequenzen für die Entwicklung besonders dann, wenn Vater und Mutter auf der Elternebene verlässlich und verantwortungsvoll agieren, auch wenn es die Paarbeziehung nicht mehr gibt. Und in manchen Lebensbereichen zeigen Trennungskinder häufig besondere Fähigkeiten, z. B. in Sachen Eigenverantwortung und Flexibilität.

Was Sie tun können, um die Entwicklung der Individualität zu unter-stützen:

- Machen Sie sich immer wieder klar, dass *Ihr Kind ein einzigartiges Wesen* ist. Ihr Sohn, Ihre Tochter verfügt über spezifische Fähigkeiten und Stärken, die sich in seinem/ihrem Handeln zeigen. Was beeindruckt Sie an Ihrem Kind? Ist es seine Fröhlichkeit, seine Nachdenklichkeit, seine Zivilcourage oder Verlässlichkeit? Sind es besondere mathematische oder musische Fähigkeiten? Ist Ihr Sohn ein toller Sportler, Ihre Tochter ein Computergenie? Schauen Sie jeden Tag aufs Neue auf solche Stärken und erkennen Sie sie explizit an. Das hilft zunächst Ihrem Kind, in zweiter Linie aber auch Ihnen, weil Sie so mit seinen sicherlich ebenfalls vorhandenen Schwächen viel leichter umgehen können. Vielleicht probieren Sie einmal aus, sich in Ihrem Kopf eine Liste der positiven Eigenschaften Ihres Kindes zu machen. Diese können Sie dann immer mal wieder anschauen.

- Helfen Sie Ihrem Kind, ein *positives* und zugleich *realistisches Bild von seinen eigenen Möglichkeiten* aufzubauen, getreu dem Motto »Was hast du, was andere nicht haben?«. Gerade weil der Einfluss der Gleichaltrigen und der Medien bezüglich des Aussehens und bestimmter Verhaltensnormen (z. B. was »cool« ist) enorm ist, unterstützen Sie Ihr Kind, indem Sie immer wieder darauf hinweisen, wie wichtig Individualität und Stärken eines Menschen sind, die man vielleicht nicht auf den ersten Blick erkennt. Achten Sie in diesem Zusammenhang darauf, wie Sie in Gegenwart Ihres Kindes über andere sprechen.

Was Sie tun können, um das Zugehörigkeitsgefühl zu fördern:

- Nehmen Sie *regelmäßig* an Gruppenaktivitäten teil oder initiieren Sie selbst welche. Das können Sport- und Grillfeste ebenso sein wie Familienfreizeiten oder Urlaubsfahrten in der Gruppe. Das Gruppenerlebnis etwa auf einer Skihütte oder die gemeinsame Gestaltung einer Familienfreizeit mit Spielen, Sport und Aktivitäten in der Natur können die Entwicklung der Kinder nachhaltig beeinflussen. Darüber hinaus erweitern und stabilisieren Sie Ihren Freundeskreis. Gemeinsame Freizeit- oder Urlaubsaktivitäten sind für Familien erfahrungsgemäß relativ stressfrei, weil in der Gruppe jedes Familienmitglied jemanden findet, mit dem er/sie etwas anfangen kann.

- Ermöglichen Sie Ihrem Kind *viele Kontakte zu Gleichaltrigen.* Inzwischen finden solche Kontakte oftmals auch in Internet-Foren statt. Schließen Sie Ihr Kind nicht davon aus, aber achten Sie darauf, dass die Internet-Aktivität sich nicht verselbstständigt und unerwünschte Ausmaße und Formen annimmt.
- Heißen Sie in Ihrem Haus oder in Ihrer Wohnung *andere Kinder und Jugendliche willkommen.* Zugegeben: Kindergeburtstage machen Arbeit. Aber sie bieten die Chance, neue Kontakte zu knüpfen und bestehende zu festigen. Auch ein Basketballkorb vor der Tür oder ein mobiles Fußballtor laden Kinder aus der Nachbarschaft zum gemeinsamen Spielen ein. Ihr Kind wird davon profitieren.

Was Sie tun können, um sinnstiftendes Handeln und Selbstmotivation zu unterstützen:
- Freuen Sie sich mit Ihrem Kind über *erreichte Ziele* und wichtige, auch *kleine Lebensschritte.* Das können erfolgreich bewältigte Herausforderungen im privaten wie im schulischen Bereich sein: ein gewonnenes Tennismatch, die erfolgreiche Mitarbeit bei einem schulischen oder privaten Projekt usw. Auch wenn Ihr Kind in einem bestimmten Schulfach seine Leistung verbessert, sollten Sie dies anerkennen. Diese Anerkennung muss nicht unbedingt mit einer dicken Belohnung versehen sein (z. B. Erhöhung des Taschengeldes oder entsprechende Geschenke von Oma oder Opa). Im Gegenteil: Die Belohnung steckt in der Erreichung des Zieles selbst und dem Stolz, den Ihr Kind empfindet. Gelegentlich ist es sicher sehr schön, dies auch durch ein äußeres Zeichen zu verstärken. Vielleicht machen Sie es zu einer Tradition, mit Ihrem Kind nach der Zeugnisausgabe gemeinsam essen zu gehen oder einen besonderen Ausflug zu unternehmen. Dies sollten Sie auch dann tun, wenn die Noten einmal nicht so gut ausfallen.
- Unterhalten Sie sich mit Ihrem Kind über die aktuell anstehenden *Lern- und Leistungsziele.* Besprechen Sie auch mögliche *Strategien zu deren Erreichung.* Zeigen Sie Ihrem Kind, wie es ein anstehendes Ziel am besten erreichen kann, und machen Sie ihm Mut, die Dinge selbst aktiv anzugehen. Ein solches Coaching kann sehr effektiv sein, vor allem, wenn es mit der gebotenen Zurückhaltung durchgeführt wird. Erzählen Sie Ihrem Kind, was Sie selbst in seinem Alter getan haben, um Ihre Ziele zu erreichen.

Wichtiger als frühere Heldentaten ist dabei für Ihr Kind, dass auch Sie nicht immer alle Ihre Ziele hundertprozentig erreicht haben, sich mit weniger zufriedengeben oder auch mit Misserfolgen zurechtkommen mussten. Das nimmt Ihrem Kind den Druck.

Was Sie tun können, um das Kompetenzerleben zu fördern:
- *Erfolgserlebnisse kann Ihr Kind nur selbst bewirken.* Das gilt für Schule und Freizeit gleichermaßen. Kinder und Jugendliche werden sich selbst als kompetent erleben, wenn sie sich die erzielten Erfolge auch selbst zuschreiben können. Beruhen sie hingegen auf glücklichen Zufällen oder sind sie das Resultat guter Beziehungen, so verpufft der motivierende Effekt in der Regel rasch wieder. Vor einem Erfolg sind also Anstrengung und Beharrlichkeit nötig, und dabei benötigen Kinder gelegentlich Unterstützung und Hilfe. Hierbei gilt das Motto »So wenig wie möglich und so viel wie nötig«. Wie viel Hilfe im Einzelfall nötig ist, werden Sie immer neu ausbalancieren müssen.
- Damit Kinder und Jugendliche sich in der Schule als kompetent erleben, bedarf es eines *guten Zusammenspiels von Schülern, Lehrern und Eltern.* Gelingen kann das nur, wenn Eltern und Lehrer das Lern- und Leistungsverhalten des einzelnen Kindes kontinuierlich im Blick haben und rechtzeitig die jeweils richtigen pädagogischen Schritte einleiten.
- Seien Sie fehlerfreundlich. Sprechen Sie mit Ihrem Kind darüber, dass *Fehler beim Lernen ganz normal sind* und gelegentliche Rückschritte noch keinen Misserfolg bedeuten.
- Hat Ihr Kind erfolgreich etwas geleistet, so sollte es sich auch *belohnen* dürfen. Die Riesenportion Eis ist dabei ebenso in Ordnung wie ein Extra-Nachmittag mit Freunden oder einfach mal »abhängen« … so, wie Ihr Kind es will.

Das Körperkonzept

Die Vorstellung von der eigenen Körperlichkeit entwickelt sich in einem permanenten Austauschprozess mit der Umwelt. Dabei wirken körperliche, geistige, soziale und gefühlsmäßige Prozesse zusammen. Diese können bewusst oder unbewusst ablaufen. Man kann sich den Prozess in etwa so vorstellen: In allen Handlungen und Auseinandersetzungen mit der Umwelt nimmt Ihr Kind permanent auch Informationen zur eigenen Körperlichkeit wahr: Unmittelbare eigene Erfahrungen (z. B. zur eigenen

Geschicklichkeit, Belastbarkeit, Schnelligkeit, Kraft, zum Eigengeruch, zu den Extremitäten usw.) ebenso wie Rückmeldungen anderer Menschen (Werde ich als sympathisch, attraktiv, stark, schwach, dick, mager usw. wahrgenommen?). Aus diesen Informationen erstellt Ihr Kind ein Bild seines eigenen Körpers. Natürlich ist dieses Bild mit beeinflusst von gesellschaftlichen Normen und Werten. Genießen beispielsweise in der (Medien-)Öffentlichkeit nur schlanke und hübsche Frauen oder athletische Männer eine hohe Beachtung, dann bleibt dies für die körperliche Selbstwahrnehmung Ihres Kindes nicht ohne Folgen. Dasselbe gilt, wenn etwa Piercings und Tattoos sich zu einem Modetrend breiter gesellschaftlicher Kreise entwickeln.

Jeder Mensch entwickelt auf die beschriebene Weise im Laufe der Zeit ein Bild über sich und seinen eigenen Körper, das verknüpft ist mit bestimmten Gefühlen und Gedanken, Stimmungen und Reizen. Wie wohl wir uns in unserem Körper fühlen, wird beeinflussen, wie selbstbewusst wir auftreten, wie wir nonverbal mit anderen in Kontakt treten und wie gut wir uns entspannen können. Auch Angst- und Muterfahrungen haben oft unmittelbar mit unserem Körper zu tun: Was traue ich mir körperlich zu, und wo sind meine Grenzen? Es gilt als sicher, dass ein positiv entwickeltes Körperkonzept Selbstvertrauen, Selbstwertgefühl und die Wahrnehmung der eigenen Fähigkeiten günstig beeinflussen kann. Umgekehrt kann eine negative Sicht auf den eigenen Körper (ich fühle mich schwach oder wenig attraktiv) zum gegenteiligen Effekt führen. Wichtig ist zu wissen, dass sich das Körperkonzept durch entsprechende Erfahrungen durchaus verändern kann.

Tipps

- *Körperliche Nähe und wohlige Geborgenheit* gehören irgendwie zusammen. Kuscheln und Schmusen ist – vor allem bei jüngeren Kindern – ein wichtiges Bedürfnis. Vertrauen Sie in diesem Zusammenhang Ihren eigenen Gefühlen. Sie sorgen für einen angemessenen Umgang, bewirken auch die nötige Spontaneität und Natürlichkeit und bewahren Sie zudem vor übertriebener Hätschelei und unangemessener körperlicher Intimität.
- Bei jüngeren Kindern sind insbesondere das *gemeinsame Herumtoben, Kämpfen, Schaukeln, Rollen, Klettern, Balancieren, Verstecken spielen* usw. wichtige Gelegenheiten, positive Körper- und Gefühlserfahrungen zu machen. Schaffen Sie zu Hause, aber auch in

der Natur möglichst viele Gelegenheiten für Bewegungserfahrungen. Eltern-Kind-Turngruppen können dabei ebenso eine Hilfe sein wie musikalische Früherziehung (Bewegung und Musik). Auch agile Großeltern sind für Kinder willkommene Spielpartner und Unterstützer.

- Sofern keine medizinischen Einwände bestehen, sollten Sie mit den ganz Kleinen auch am *Baby- und Kleinkindschwimmen* teilnehmen. Es fördert in besonderer Weise das Zusammengehörigkeitsgefühl zwischen Kind und Eltern. Die Freude an der Bewegung im Wasser wirkt zudem positiv auf Körper, Geist und Seele. Wichtig allerdings: Lassen Sie das Leistungsdenken außen vor. Es ist nicht von Bedeutung, was andere Kinder bereits alles gut können und leisten.

Wie Sie Bewegungsfreude und Sportlichkeit fördern können:
- *Ihr eigenes Bewegungsverhalten wird sich auch auf Ihr Kind auswirken.* Planen Sie daher für sich selbst Sport und regelmäßige Bewegung fest ein. Halten Sie sich auch sonst fit, indem Sie z. B., wo immer möglich, statt des Autos das Fahrrad benutzen. Nur wer selbst Spaß an der Bewegung hat, kann auch andere dazu animieren und dafür begeistern. Wenn möglich, können Sie Ihr Kind hin und wieder zu Ihren sportlichen Aktivitäten mitnehmen. Allerdings sollte seine Anwesenheit keinen zusätzlichen Stress erzeugen. Vielleicht ergibt es sich ja, dass der Nachwuchs dann parallel auch eigene Bewegungs- und Spielaktivitäten entdeckt.
- Achten Sie genau darauf, *welche Bewegungsaktivitäten Ihrem Kind besonders gut gefallen* und wo es vielleicht auch ein gewisses Talent mitbringt. Es muss nicht jeder Junge Fußball spielen können oder jedes Mädchen zum Turnen gehen. Hier gilt es als Eltern offen zu sein, statt primär den eigenen Wünschen und Hoffnungen zu folgen. Warum sollte Ihre Tochter nicht Spaß an Basketball, Fußball oder Handball finden, während Ihr Sohn dann doch lieber reiten geht oder beim Einradfahren oder Tanzen *seinen* Sport findet? Normal ist auch, dass Kinder erst einmal eine gewisse Zeit lang auf der Suche sind, bevor sie sich für eine bestimmte Aktivität entscheiden. Das heißt aber nicht, dass Ihr Kind vorschnell eine Aktivität aufgeben und die nächste ausprobieren sollte. Es braucht beim Sport auch ein gewisses Maß an *Kontinuität und Beharrlichkeit* – ansonsten verpasst man Erfolgser-

lebnisse und andere schöne Momente der jeweiligen Sportart. Auch in pädagogischer Hinsicht ist es sinnvoll, Kinder anzuleiten, nicht vorschnell aufzugeben. Sie können mit Ihrem Kind durchaus auch darüber sprechen, dass ein andauernder Wechsel der Sportart nicht nur Geld, sondern auch Freunde kostet.

Wie Sie fördern können, dass Ihr Kind sich mit seinem Körper wohlfühlt:
* In den letzten Jahren hat sich in unserer Gesellschaft ein starker Wandel vollzogen. Anerkennung und Bewunderung finden oft nicht mehr in erster Linie diejenigen, die etwas besonders gut können oder etwas Außergewöhnliches leisten, sondern vor allem diejenigen, die auffallen. Dabei gilt es, möglichst »cool« zu sein bzw. »geil« oder schrill auszusehen. Hervorragende schulische, sportliche, musische oder soziale Aktivitäten stehen deutlich weniger hoch im Kurs. Vor allem so simple (und teils menschenverachtende) Fernsehsendungen wie *Dschungelcamp*, *Deutschland sucht den Superstar* oder *Germany's next Topmodel* haben maßgeblich dazu beigetragen, dass es zu einer deutlich sichtbaren Werteverschiebung gekommen ist.
* Michael Jürgs[2] hat in seinem Buch *Seichtgebiete. Warum wir hemmungslos verblöden* beschrieben, wie die entsprechenden Mechanismen ablaufen und wie am Ende in einer Gesellschaft statt Kultur Dummheiten zum Kult werden. Aber auch die in den Medien und in der Werbung vermittelten Schönheitsideale für Mädchen und Jungen hinterlassen ihre Spuren: Mädchen, die hungern, um möglichst schlank zu sein, und Jungs, die sich in den Fitnessstudios quälen, um ihre Sixpacks zu bekommen. Für Eltern und Erzieher ist es nicht leicht, gegenzusteuern. Piercings, Tattoos, Hungerkuren oder Muskelaufbaupräparate zu verhindern, gegen angebliche Schlankheits- und Schönheitsideale anzukämpfen, das ist ein fast aussichtslos erscheinender Kampf angesichts der großen Macht der Medien und der durch sie beeinflussten Gleichaltrigen-Gruppen. Was also tun: Warten, bis alles vorbei ist und aus Kindern und Jugendlichen Erwachsene geworden sind, die alles selbst verantworten müssen, oder doch Piercings und Tattoos verbieten sowie fragwürdige Modetrends durch die Beschneidung finanzieller Mittel verhindern?

- Sicher gibt es keine allgemeingültige Erfolgsformel. *Gleichwohl gilt es auch hier wieder, Vorbild zu sein.* Dabei haben es diejenigen unter uns sicher leichter, die mit ihrem Erscheinungsbild allemal zufrieden sind. Aber auch die, die sich mit ihrem Sosein arrangiert haben, strahlen vermutlich die entsprechende Natürlichkeit und Gelassenheit aus. Und wer sich zudem ansprechend kleidet, die eigene Anziehungskraft auf stimmige Weise betont, Fitnessbemühungen sowie eine gesunde Ernährung dosiert angeht, den wird auch das eigene Kind als überzeugend und natürlich erleben.

- *Beobachten Sie Ihr Kind:* Worüber spricht es? Was ist ihm wichtig und warum? Wie kleidet und gibt es sich? Zeigen sich positive, nachvollziehbare oder eher absurde Fitness-, Ernährungs- oder Kleidungsgewohnheiten? Wie sieht sein Freizeitverhalten aus? Welchen Einfluss haben andere Jugendliche im Umfeld? Bewegt sich alles innerhalb eines zu akzeptierenden Rahmens, dürfen Sie sich an der Entwicklung Ihres Kindes erfreuen. So selbstverständlich ist das nämlich gar nicht. Deuten sich mit Blick auf das Verhalten oder das äußere Erscheinungsbild problematische Entwicklungen an, sollten Sie möglichst frühzeitig das Gespräch suchen. Dabei kommt es darauf an, Empathie und Geschick zu zeigen. Wichtig vor allem: den richtigen Zeitpunkt und den richtigen Ort wählen sowie die nötige Ruhe aufbringen. In einer Atmosphäre von Enttäuschung oder Ärger lassen sich solche Gespräche nicht führen. Drücken Sie Ihre eigenen Empfindungen und Sorgen aus (Ich-Botschaften); hören Sie Ihrem Kind aber auch mit dem entsprechenden Einfühlungsvermögen zu. Vermeiden Sie Vorwürfe und Strafpredigten. Vielleicht können Sie Ihr Kind dazu bewegen, offen das anzusprechen, was es selbst an seinem äußeren Erscheinungsbild stört und warum es das so sieht? Auch wenn es in einem Konfliktgespräch wenig zu helfen scheint, sollten Sie ihm dennoch sagen, dass Sie es so lieben, wie es ist. Lassen Sie Ihr Kind auch wissen, was Sie persönlich an ihm gut und anziehend finden. Letzteres können auch Verwandte, Freunde und Bekannte gelegentlich tun.

- *Seien Sie konfliktbereit.* Solange Ihr Kind noch minderjährig ist, sollten Sie alles Mögliche tun, um es vor körperlichen Schäden und dauerhaften Beeinträchtigungen zu bewahren. Dazu zählen unter Umständen Piercing- und Tattoo-Verbote ebenso wie eine

strikte Ablehnung von Schönheitsoperationen oder Schlank-
heits- bzw. Dopingpillen. Dies geht natürlich nur, wenn Sie das
auch für sich selbst so sehen und vorleben. Sofern es moralisch
vertretbar ist, wird man im Einzelfall dennoch *Kompromisse* finden müssen. Vor allem, wenn ein Jugendlicher die aktuelle Le-
benssituation als besonders schwierig erlebt und Sorge hat, von
seinen Freunden nicht mehr akzeptiert zu werden, riskieren Eltern mit einem harten, unnachgiebigen Vorgehen den (vorläufi-
gen) Abbruch der familiären Beziehung. Hier ist es vermutlich
besser, elterliche Liebe und Verständnis zu zeigen und dann gemeinsam zu schauen, wie die schlimmsten Dinge zu verhindern
sind. Dialog ist auf lange Sicht wichtiger als Durchsetzung.

Wie Sie die Gesundheit Ihres Kindes stärken

Die Gesundheit Ihres Kindes wird Sie mutmaßlich bis in dessen Erwach-
senenalter hinein beschäftigen. Und stets werden Sie hoffen, dass alles
gut geht und sich keine schwerwiegenden Probleme oder gar Schicksalsschläge einstellen. Natürlich hoffen Sie auch, dass Ihr Kind sich normal
entwickelt. Sie werden beruhigt sein, wenn Ihr Kind in etwa so wächst
und gedeiht, wie es die meisten anderen Heranwachsenden auch tun,
und sich Sorgen machen, wenn Abweichungen oder Komplikationen
auftreten.

Sie wissen natürlich auch, dass bei Kindern und Jugendlichen ebenso
wie bei Erwachsenen Gesundheit nicht nur eine körperliche Seite hat,
sondern auch eine geistige, seelische und soziale Seite. Umweltfaktoren
und Lebensgewohnheiten (Ernährung, sitzende Tätigkeit, Bildschirmkonsum) lassen sich nicht immer so beeinflussen, wie es für die Gesundheit der Kinder gut wäre. Leider ist es daher um die Gesundheit vieler
Kinder nicht zum Besten bestellt. Vor allem chronische Krankheiten wie
Asthma, Allergien und Neurodermitis sind weiter auf dem Vormarsch.
Aber auch Übergewicht, Haltungsschäden sowie Herz-Kreislauf-Erkran-
kungen haben bei Kindern zugenommen. Zudem zeigen sich immer
öfter auch psychische Störungen und Beeinträchtigungen wie Hyperak-
tivitätsstörungen (AD(H)S), Borderline-Störungen, Depressionen,
Angststörungen oder Essstörungen (Magersucht oder Ess-Brech-Sucht).
Eltern müssen den Umgang mit solchen gravierenden gesundheitlichen
Problemen nicht alleine stemmen. Sie brauchen Verständnis, Hilfe und

Unterstützung, im Einzelfall professionelle Hilfe. Das ist weder beschämend noch anrüchig.

- Achten Sie auf die Gesundheit Ihres Kindes. Nehmen Sie die regelmäßigen Vorsorgeuntersuchungen beim Kinderarzt wahr. Seien Sie diesbezüglich nicht nachlässig, auch wenn Sie glauben, es ist alles im Lot. Mit dem Kinderarzt im Gespräch zu bleiben, bietet Ihnen die Chance zu lernen, dass die Entwicklung von Kindern und Jugendlichen individuell sehr unterschiedlich verläuft. Jedes Kind folgt einem eigenen Entwicklungsplan und ist bereits im frühesten Kindesalter eine unverwechselbare Persönlichkeit. Kein Kind hält sich an Tabellen und Normen. Ärzte wissen, welche »Abweichungen« von der Norm völlig unproblematisch sind und bei welchen Untersuchungsergebnissen Handlungsbedarf besteht.
- Mit Blick auf die physische Gesundheit ist es im Prinzip ganz einfach, das Richtige und Notwendige für die Kinder zu tun: Man muss »nur« für ausreichende Bewegung sorgen, am besten an der frischen Luft und in der Gruppe, sowie für eine gesunde Ernährung und Lebensweise. Aber das Wissen darum nutzt wenig, wenn die Umsetzung nicht klappt und es vielleicht jeden Tag von neuem Widerstände zu überwinden gilt. Kinder nutzen ähnliche Ausreden wie Erwachsene, um beispielsweise nicht aktiv werden und Sport treiben zu müssen. Beispiele:
  - »Ich habe jetzt keine Lust.«
  - »Ich bin heute zu müde.«
  - »Ich war doch erst letzte Woche mit dem Fahrrad unterwegs.«
  - »Ich muss noch mein Zimmer aufräumen.«
  - »Ich muss noch Hausaufgaben machen.«
  - »Ich muss noch ein Geschenk für XY besorgen.«
  - »Es ist doch viel zu warm, ... zu kalt, ... es regnet zu stark.«
  - »Meine Woche war so anstrengend, jetzt möchte ich mal meine Ruhe haben.«
  - »Die anderen chillen auch immer zu Hause rum.«
- Hier gilt es, nicht lockerzulassen und Ihr Kind immer wieder zu motivieren. Eine der wichtigsten Ausgangsbedingungen scheint

mir die *Eingrenzung und feste Limitierung der Bildschirm- und Computerzeiten* zu sein. Gerade die vor dem Fernseher und Computer verbrachte Zeit geht zu Lasten der Bewegungszeit. Finden Sie gemeinsam mit Ihrem Kind tragfähige Kompromisse.

- Auch mit Blick auf *eine gesunde Ernährung* lassen sich zahlreiche Widerstände auflisten: »Butterbrote mit in die Schule nehmen ist uncool«; »In meiner Schultasche ist kein Platz mehr«, »Ich kaufe mir etwas am Kiosk« usw. Und zu *Maces* gehen ist allein schon wegen der sozialen Kontakte wichtig; Cola und Limo schmecken allemal besser als Wasser oder Apfelschorle. Daher sollten Sie darauf achten, dass es für Ihr Kind vor Beginn der Schule ein gesundes Frühstück gibt. Holen Sie es rechtzeitig aus den Federn, damit dafür ausreichend Zeit bleibt.

- Ist die Schule zu Fuß oder mit dem Fahrrad erreichbar, so sollte dies auch bei Regen, Wind und Kälte möglich sein. Verhindern Sie mit Ihrem Taxidienst nicht die Bewegung an der frischen Luft. Diese stärkt nicht nur die Abwehrkräfte, sondern macht auch geistig wach. Wenn Ihr Kind sich zusammen mit anderen Kindern und Jugendlichen auf den Weg macht, fördert dies ganz nebenbei seine soziale Einbindung und Stärkung.

- Gesundheitsförderung bedeutet stets auch *emotionale Hilfe und Unterstützung*. Claude Steiner[3] skizziert in seinem lesenswerten Buch zur emotionalen Kompetenz einige grundlegende Bedingungen, von denen hier folgende genannt sein sollen:
  - Bewahren Sie ein offenes Herz, zeigen Sie Ihre Liebe und Zuneigung.
  - Setzen Sie nicht auf Ihre Macht, sondern auf Ihren Einfluss und die Kraft der Gespräche.
  - Zeigen Sie auch selbst Gefühle.
  - Zeigen Sie Verständnis für die Ängste Ihres Kindes.
  - Machen Sie Ihrem Kind deutlich, wie es in bestimmten Situationen emotional angemessen reagieren kann, auch wie es anderen ggf. mitteilt, was es nicht möchte.

- Sie selbst sollten in allen genannten Belangen Ihrem Kind im Alltag das vorleben, was Sie sich von ihm wünschen. Treiben Sie selbst Sport, sorgen Sie für ausreichend Bewegung und ernähren Sie sich gesund. Üben Sie sich darin, Ihren »inneren Schweinehund« zu überwinden, und erzählen Sie von Ihren Sport- und Bewegungserlebnissen, davon, dass aktiv zu sein Ihnen gut tut und Ihnen wichtig ist. Aber auch davon, dass es nicht immer leicht ist, sich aufzuraffen, um beispielsweise zur Fitnessgymnastik, zum Lauftreff oder zum Tennis zu gehen. Machen Sie Ihrem Kind deutlich, dass eine kleine Hemmschwelle immer wieder neu überwunden werden muss, um dann bei Sport und Bewegung schöne Erlebnisse und Erfahrungen sammeln zu können.

Frühförderung ohne Druck

Menschsein bedeutet mehr als die Ausbildung geistiger Fähigkeiten oder ein Vorankommen um jeden Preis.

Als Säugling zum Babyschwimmen, mit 18 Monaten zur musikalischen Früherziehung, bereits für Vierjährige Englischförderung, spezielle Chemie- und Physikangebote, Computerkurse schon vor der Einschulung: Sieht so die moderne Form der Frühförderung aus? Immer mehr Eltern lassen sich von solchen Vorstellungen leiten und setzen sich und ihre Kinder damit enorm unter Druck. Schließlich liest man in der Zeitung oft genug, dass man nicht früh genug anfangen kann, in die Kinder zu investieren, sind sie doch das wichtigste Kapital, auf das die Wirtschaftsnation Deutschland in Anbetracht mangelnder natürlicher Ressourcen zukünftig setzen muss. Da passt es ins Bild, wenn Neurobiologen darauf hinweisen, dass es bereits ganz früh mit der Förderung losgehen kann.

Auch die Bildungspolitiker werden nicht müde, darauf hinzuweisen, wie wichtig bereits frühkindliche Bildungsanstrengungen sind. Schließlich gilt es ja in der Zukunft bei internationalen Schulleistungs-Untersuchungen wie PISA und TIMSS[4] besser abzuschneiden. Also doch sofort das Kind im zweisprachigen Kindergarten anmelden, egal wie lang der Anfahrtsweg ist? Das tun schließlich auch die Bekannten, die zudem schon die weiterführende Schule für ihr Kind ausgesucht haben und für die ein Besuch der Haupt- oder Realschule von vornherein ausgeschlossen ist. Schließlich gehen dort nur die Verlierer der Gesellschaft hin.

Gerade für die Mittelschicht-Eltern entwickelt sich das Bemühen um die bestmögliche Bildung für ihr Kind oft zum Stressfaktor. Dabei ist Frühförderung auch aus Sicht der Pädagogik – und vor allem der Kinder – zunächst einmal durchaus als positiv zu betrachten, vorausgesetzt, sie ist an bestimmte Bedingungen geknüpft: Wenn möglich, sollte das Lernen in der natürlichen Umgebung der Kinder sowie in festen Beziehungen stattfinden. Am besten ist es also, wenn Vater und/oder Mutter mitbeteiligt sind. Aber auch in der Kindertagestätte, im Kindergarten, in einer Freizeiteinrichtung oder bei einem freien Anbieter kommt es darauf an, dass das Lernen ganzheitlich angelegt und mit positiven Gefühlen verbunden ist. Diese entstehen vor allem dann, wenn spielerisch, experimentell, kooperativ vorgegangen wird. Frühkindliche Bildungsangebote sollten bei der natürlichen Neugier von Kindern ansetzen. Und Kinder sollten die Möglichkeit haben, die Lernerfahrung jederzeit selbst zu beenden.

Tipps

- Die beste aller möglichen Frühförderungsmaßnahmen besteht darin, Ihrem Kind ein *liebevolles und anregendes Zuhause* zu geben und alles dafür zu tun, dass sich sein Selbstkonzept bestmöglich entwickelt.
- Halten Sie die *Neugierde* Ihres Kindes möglichst lange wach, z. B. indem Sie immer wieder einmal unmittelbar greifbare Phänomene aus der Umwelt in den Blick rücken und hinterfragen. Sie müssen nicht Physik studiert haben, um gemeinsam mit Ihrem Kind zu erforschen, was beim Werfen von unterschiedlich schweren Gegenständen zu beobachten ist. Und Sie müssen keine Biologin sein, um Kinder zu motivieren, das pflanzliche Wachstum am Beispiel der Tomate zu studieren.
- Angebote zur Frühförderung können dann zuträglich sein, wenn Sie selbst und Ihr Kind diese als völlig stressfrei erleben. Vertrauen Sie hier Ihrer gesunden Intuition mehr als den Ratschlägen von Experten. Achten Sie darauf, dass Ihr Kind nicht überfordert wird, *sich wohlfühlt* und *ein kindgemäßes, spielerisches Lernen vorherrscht*. Kein Kleinkind darf gezwungen werden, Englisch zu sprechen, ein Instrument zu spielen oder eine sportliche Übung durchzuführen.
- Machen Sie sich bewusst, dass es *im Leben eines Menschen Wichtigeres gibt als Abitur, Studium und Karriere.* Kinder haben ein Recht auf ihre Kindheit. Sie dürfen zweckfrei spielen, träumen, phantasieren, herumalbern, klecksen, malen und bauen, mit dem besten Freund Abenteuer erleben. Kinder brauchen diese Erfahrungen, um zu gesunden und zufriedenen Menschen heranwachsen zu

können. Und auch während der frühesten Schulzeit sollte es wichtiger sein, gute Freunde statt guter Noten mit nach Hause zu bringen. Freundlichkeit, Wärme, Rücksichtnahme, gegenseitige Anerkennung und der Respekt vor der Natur sind für unser Zusammenleben und den Fortbestand unserer Gesellschaft mindestens genauso wichtig wie Leistung und Wettbewerbsdenken in einer globalen Welt.

- *Entwickeln Sie ein umfassendes Verständnis von Bildung.* Der Wert menschlichen Handelns bemisst sich nicht danach, ob jemand die großen Philosophen zitieren, historische Baustile treffsicher unterscheiden oder detailliert von neuesten Opernaufführungen berichten kann. Der folgende, fiktive und erklärtermaßen zugespitzte Vergleich zweier Personen – nennen wir sie Elektromeister Meier und Hochschullehrer Schmitt – mag Sie anregen, darüber nachzudenken, was eigentlich »Bildung« bedeutet. Vielleicht möchten Sie ja auch in Ihrer Familie darüber diskutieren: Wer schneidet »besser« ab, Meier oder Schmitt? Oder werden hier Äpfel mit Birnen verglichen?

Elektromeister Meier ...

- erzieht gemeinsam mit seiner Frau nach bestem Wissen die drei Kinder. Das Ehepaar Meier nimmt sich trotz beruflicher Selbstständigkeit und »Rund-um-die-Uhr-Ansprüchen« seitens der Kunden viel Zeit für die Kinder.
- Herr Meier beschäftigt drei Mitarbeiter und bildet mit sehr viel Engagement alle paar Jahre auch einen Auszubildenden aus.
- In seiner knapp bemessenen Freizeit spielt Herr Meier gerne Tischtennis. Im Verein ist er als Schatzmeister ehrenamtlich tätig. Er regelt die Finanzen und legt auch einmal gerne einen eigenen Betrag als Spende in die Jugendkasse.
- Herr Meier ist handwerklich sehr geschickt, kann fast alle anfallenden Arbeiten am und im Haus selbst erledigen.
- Beim Frühstück genehmigt sich Herr Meier stets einen kurzen Blick in die lokale Zeitung. Ab und an geht er mit seiner Frau in einem nahegelegenen Restaurant essen.

Hochschullehrer Schmitt ...

- ist geschieden und hat zwei Kinder, die vorwiegend bei ihrer Mutter leben.

- Er geht regelmäßig mit seiner neuen Lebensgefährtin ins Konzert; Kultur- und Städtereisen sind ihm sehr wichtig.
- Herr Schmitt liest gerne anspruchsvolle Literatur, hat eine überregionale Tageszeitung abonniert und studiert auch regelmäßig die einschlägigen Politmagazine.
- Ein besonderes Interesse zeigt Herr Schmitt für italienische Weine. Hier hat er inzwischen ein eigenes Expertenwissen aufgebaut.
- Nach eigener Einschätzung verfügt Herr Schmitt über zwei linke Hände, was ihn daran hindert, handwerkliche Tätigkeiten selbst durchzuführen.
- Herr Schmitt überlegt momentan, ob er nicht ein Angebot zu einem Lehrauftrag an einem College in den USA annehmen soll.

- *Talente sollte man fördern:* Entdeckt Ihr Kind eine besondere Vorliebe, entwickelt es ein besonderes Talent, so sollten Sie über eine spezielle Förderung in dem jeweiligen Bereich nachdenken. Doch nicht jedes Kind, das besonders gut Tennis oder Blockflöte spielen kann, ist so talentiert, dass man nun das gesamte Familienleben darauf abstimmen sollte. Die Zahl der Kinder, die bereits mit 14 oder 15 Jahren realistische Aussichten auf eine Profikarriere als Sportler oder Musiker haben, ist äußerst gering – nicht zu vergessen, dass eine solche Laufbahn zur Psyche Ihres Kindes passen muss und dass sich das Leben Ihrer gesamten Familie gravierend verändern würde.
- Ähnliche Überlegungen sind erforderlich, wenn Ihr Kind nachweislich als besonders klug und erfinderisch gilt. Soll man es *früher einschulen,* später gar einer »Eliteschule« anvertrauen? Oder kommen Sie doch zu der Überzeugung, dass Ihr Kind auch im Regelschulsystem seinen (besonderen) Weg gehen wird und man ggf. später immer noch nachsteuern kann? Wie wichtig ist das soziale Umfeld für Ihr Kind? Wie wird es reagieren, wenn es seine Freunde aus der Nachbarschaft eventuell verliert? Wie wird es damit zurechtkommen, wenn es als Klassenjüngster von älteren Mitschülern kritisch beäugt wird? Wie wird es sein, wenn es dann doch nicht den höheren Leistungsanforderungen gerecht wird, unter Umständen die Klasse oder Schule wechseln muss? Fragen über Fragen, die sorgfältig beantwortet werden wollen. Zu ähnlichen Überlegungen kommt man im Übrigen, wenn man

bereits im Vorschulalter mit der Frühförderung beginnen möchte. Zu bedenken ist hier beispielsweise die Frage, ob Ihr Kind später in der Grundschule unterfordert und entsprechend gelangweilt sein wird und wie dies aufgefangen werden kann. Die vielen Fragen machen deutlich, dass jeder Einzelfall sorgsam für sich betrachtet werden muss.

- Wenn Sie beim Nachdenken über Bildung bemerken, dass Leistungs- und Karriereaspekte für Sie besonders wichtig sind, so empfehle ich Ihnen, sich einmal die Biographien diverser namhafter Persönlichkeiten anzuschauen. Nicht selten waren es nämlich *Umwege und Zufälle,* die deren Lebens- und Berufsweg entscheidend beeinflusst haben. Unumstritten ist auch, dass Kinder und Jugendliche sich in unterschiedlichem Tempo entwickeln. So finden manche Kinder erst nach der Pubertät oder in noch fortgeschrittenerem Alter den entscheidenden »Dreh« und den zu ihnen passenden Bildungsweg. Entwickeln Sie als Eltern daher eine gewisse Gelassenheit und vergleichen Sie Ihr Kind nicht permanent mit anderen Gleichaltrigen. Dabei mag Sie die Gewissheit beruhigen, dass unser Bildungssystem differenzierte Angebote und Möglichkeiten auch für diejenigen bereithält, die man allgemein als »Spätzünder« bezeichnet. So kann man beispielsweise an den Berufsschulen oder Abendschulen auch im späteren Leben noch ein vollwertiges Abitur machen.

2. Kinder erziehen

»Ich habe zwei Söhne im Alter von 10 und 15 Jahren. Seit zwei Jahren arbeite ich wieder in Vollzeit. Als alleinerziehende Mutter merke ich die Doppelbelastung sehr. Was mich aber am meisten stört, ist, dass ich kaum noch Zeit und Energie habe, mich um die Jungs zu kümmern und sie zu erziehen. Dann passiert es, dass sie sich ihren Computer als Freund und Gesprächspartner nehmen. Ich habe Sorge, dass sie immer mehr in diese Welt »abtauchen«. Und ich erlebe andere gestresste Mütter, wie sie ihre Kinder aus der Tagesbetreuung abholen. Auch das ist eigentlich unerträglich. Für mich und die meisten Mütter sind die Kinder nach wie vor das Wichtigste. Das bedeutet aber, nicht nur für das Essen zu sorgen oder ihre Kleidung in Ordnung zu halten, sondern ihnen Werte vorzuleben und zu vermitteln, für sie da zu sein, wenn sie einen brauchen, mit ihnen zu reden, die Erfahrungen mit ihnen zu teilen, ihre Wünsche und Sorgen ernst zu nehmen. Und dafür braucht man Zeit.«
Leserbrief in einer überregionalen Zeitung

Die Dringlichkeit der Erziehung, aber auch die Not einer alleinerziehenden Mutter, spiegelt sich im obigen Leserbrief aus der Zeit nach dem Amoklauf von Winnenden (März 2009). Die auch selbstkritisch verfasste Botschaft der Mutter lautet: Wir müssen uns dringend um die Erziehung unserer Kinder kümmern. Und dies ist in erster Linie die Aufgabe von Vätern und Müttern. Aber: *Erziehung benötigt Zeit und kostet Kraft,* und die muss aufgebracht werden, zum Wohle der Kinder und der gesamten Gesellschaft. Der Brief deutet an, dass Erziehung stets Beziehungsarbeit bedeutet und man diese nicht an Dritte delegieren kann, schon gar nicht an das Fernsehen oder den Computer. Erziehung benötigt aber noch mehr als das tägliche Da-Sein, das Miteinander, die Fürsorge sowie das Gespräch: Erziehung ist auch Erziehung *zu* etwas, also zu Werten, Einstellungen, Haltungen, Tugenden.

Eltern und Kinder haben es schwer, in der heutigen Zeit Orientierung und Sicherheit zu finden. Es gibt kaum noch allgemeingültige Werte und Normen; Pluralität und Individualität stehen hoch im Kurs und bestimmen das zwischenmenschliche Miteinander. Moralische Vorbilder fehlen vielfach. Die großen Kirchen haben an Einfluss verloren, auch den Halt der Großfamilie gibt es in seiner früheren Form nicht mehr. Gleichzeitig ist der Einfluss der Bildschirmmedien in starkem Maße gewachsen.

Aus alledem wird deutlich, dass es vor allem auf die Eltern, auf die Väter und Mütter ankommt. Sie sind die ersten und wichtigsten Erzieher, auch wenn Kindergarten und Schule durchaus miterziehen können und sollen: *Sorgen Sie daher für eine gute Erziehung Ihres Kindes.* Sie legen damit ganz unmittelbar das Fundament für ein gutes, konstruktives und gemeinschaftsorientiertes Zusammenleben in unserer Gesellschaft. Dies betrifft nicht zuletzt auch die Schule, wo Schüler wie Lehrer gleichermaßen auf einen kultivierten und freundlichen Umgang angewiesen sind, weil ansonsten das gemeinsame Lehren und Lernen nicht funktioniert.

Grundbedingungen der Erziehung

Jede Form von Erziehung braucht eine Grundlage von Liebe und Akzeptanz, Wertschätzung und Verständnis. Aber Erziehung heißt auch, dass Erwachsene lenkend eingreifen. Kinder und Jugendliche brauchen die Erwachsenen auch als Widerpart, an dem sie sich reiben und ihre eigenen Möglichkeiten und Grenzen erspüren können. Gleichwohl ist Erziehung natürlich nicht nur einfache Machtausübung. Sie braucht ein positives emotionales Klima sowie das erzieherische Vorbild. Beim Miteinander von Eltern und Kindern kommt es auf Wertschätzung, Glaubwürdigkeit und das wechselseitige Zuhören an.

Übersicht 3: Was gutes Erziehen ausmacht

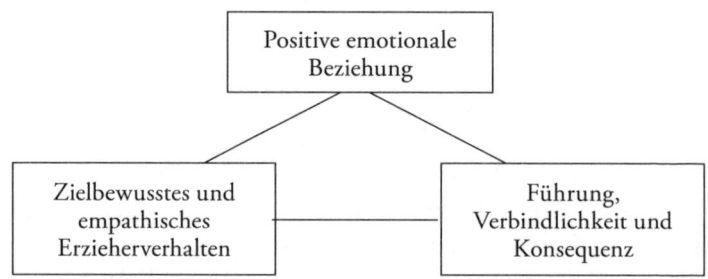

»Man kann auf niemanden Einfluss ausüben, wenn nicht eine positive emotionale Beziehung hergestellt ist. Dies gilt für ›normale‹ Kinder und Jugendliche ebenso wie für ›Erziehungsschwierige‹ und ›Schwererziehbare‹.«[5] Eine solche positive Beziehung ist aus Elternsicht relativ einfach hinzubekommen, solange sich die Kinder so entwickeln, wie sich die Eltern das vorstellen. Allerdings gehört zur normalen Entwicklung auch, dass Kinder selbstständig werden wollen. Dabei gehen sie mitunter Schritte und Wege, mit denen Eltern nicht einverstanden sein können. Dies gilt insbesondere für die Zeit der Pubertät, in der ja bekanntlich die Eltern schwierig werden[6], oder auch für die Phase der Abnabelung von der Familie. Besonders in diesen Zeiten brauchen Eltern, aber auch Lehrer und andere Miterzieher ein hohes Maß an innerer Stärke und Kraft, aber auch an Gespür, um immer wieder die nötige Akzeptanz und Wertschätzung aufzubringen.

Selbstverständlich müssen sich Kinder und Jugendliche auf die Fürsorge, den Rückhalt und das Einfühlungsvermögen ihrer Eltern verlassen können. Das bedeutet aber nicht, sie in Watte zu packen, für alles Verständnis zu zeigen oder ihnen jede Form von Verantwortung abzunehmen. Im Gegenteil: Um selbstständig und erwachsen zu werden, müssen Jugendliche sich auch unangenehmen Aufgaben und Herausforderungen stellen und schließlich die Folgen ihres Handelns auch selbst verantworten. Sie müssen die Erfahrung machen können, dass Handeln eine Festlegung bedeutet, dass andere sie an ihrem Verhalten messen. Das gilt für schulische und private Verpflichtungen gleichermaßen. Deshalb sollte man Heranwachsenden so oft wie möglich in angemessener Weise Verantwortung übertragen. Darüber hinaus ist es wichtig, dass sie lernen, mit Grenzen umzugehen: mit ihren eigenen und denjenigen, die Eltern und Miterzieher für sich selbst definieren. In früheren Zeiten gaben die Erwachsenen mit ihrer Erziehungsmacht solche Grenzen und Spielregeln einfach vor. Heute ist dies nicht mehr zeitgemäß. Eltern sind nicht mehr einfach »Bestimmer«. Die Spielräume des Handelns müssen immer wieder gemeinsam mit den Kindern »ausgelotet« werden. Das heißt aber nicht, dass Väter oder Mütter ihre Wert- und Zielvorstellungen aufgeben sollten. »Statt autoritärer Macht ist persönliche Autorität gefragt.«[7]

Grenzen einhalten zu können, gilt in der Erziehung nach beiden Seiten. Heranwachsende brauchen sie, aber auch Erwachsene haben die Grenzen von Kindern und Jugendlichen zu respektieren und deren »Tabuzonen« zu achten. Dazu gehört etwa, sich nicht über Gebühr in Bereiche hineinzudrängen, die ureigenstes Terrain von Jugendlichen sind: Welcher Heranwachsende schätzt es schon, wenn Mutter oder Vater regelmäßig mit in die Disco gehen, dieselbe Kleidung tragen und dieselbe Sprache sprechen wie die gleichaltrigen Freunde?

Wenn Eltern über ihr Verhalten als Erzieher nachdenken, so sollten sie sich klar machen, dass ein auf Machtausübung basierender Erziehungsstil auf Dauer ebenso nachteilig ist wie ein Laissez-faire-Stil, bei dem die Kinder weitgehend sich selbst überlassen bleiben. Erziehung ist dann am wirksamsten, wenn Erwachsene behutsam führen, gleichzeitig aber ein hohes Maß an Wertschätzung zeigen und Kinder immer wieder auch bei der Suche nach Lösungen und Kompromissen einbeziehen. Dies gilt insbesondere beim Umgang mit Konflikten. Wichtig ist auch, dass Eltern ihrer Intuition vertrauen und sich als Vater oder Mutter selbst etwas zutrauen.

Was wollen Sie erreichen? – Erziehungsziele

Erziehung findet immer statt – egal, ob sie beabsichtigt und an bestimmten Erziehungszielen ausgerichtet ist (intentionale Erziehung) oder ob sie sich in unbewusster Weise einstellt (funktionale Erziehung). Im Alltag geschieht Erziehung meist im letztgenannten Sinne: intuitiv und auf der Basis von selbst verinnerlichten Werten und Vorstellungen. Das gibt Verhaltenssicherheit, auch wenn die Wirkungen dieser Art von Erziehung hier und da durchaus kritisch gesehen werden können. Folgen Eltern beispielsweise einem klassischen Rollen- und Geschlechterbild, so wird sich dies im Alltag mit den Kindern unter Umständen vielfach niederschlagen: in der Art, wie die Kinder eingekleidet werden, wie sie gelobt oder bestraft werden und in der Kommunikation und Interaktion insgesamt. Auch die elterlichen Erwartungen an Söhne einerseits und Töchter andererseits können deutlich unterschieden sein. Sicher spielen in solchen Zusammenhängen auch unterschiedliche kulturelle Hintergründe eine wichtige Rolle.

Auch in anderen Lebenssituationen kommt es ständig zu solchen unbewussten Erziehungsakten, und darüber hinaus agieren Erwachsene – ob sie es wollen oder nicht – immer auch als Verhaltensmodell. Vor diesem Hintergrund wird nachvollziehbar, dass man sich zumindest hin und wieder einmal Gedanken darüber machen sollte, wie man sich im Alltag Kindern gegenüber verhält und welche Art (unfreiwilliges) Vorbild man abgibt. Dabei kann man auch noch einmal bewusst in den Blick nehmen, welche Ziele man mit der Erziehung erreichen möchte.

Kennt man sie, fällt allen Beteiligten die Orientierung leichter. Für Sie als Vater oder Mutter sind solche Zielüberlegungen wichtig, weil sie Ihnen eine klare Ausrichtung hinsichtlich Ihres erzieherischen Verhaltens geben. Eine bewusste Abklärung der Erziehungsziele erleichtert es Ihnen und Ihrem Partner auch, in Sachen Erziehung dort, wo Sie sich einig sind, an einem Strang zu ziehen … und dort, wo Uneinigkeit besteht, eine Klärung herbeizuführen. Ihre Werte und Ziele bestimmen so alltägliche Erziehungsfragen wie etwa die Höhe des Taschengeldes, die »richtige« Kleidung, die Essensgewohnheiten oder Höflichkeitsformen sowie die Übernahme von Verantwortung durch Ihr Kind. Sie betreffen aber auch grundsätzlichere Fragen, etwa den Umgang mit der Umwelt oder mit Andersdenkenden.

Für Kinder ist es wichtig, die Werte ihrer Eltern zu kennen, weil sie dann die an sie gerichteten Erwartungen einlösen oder auch kritisch hinterfragen können. Allerdings haben es Eltern in der heutigen Zeit nicht leicht, Erziehungsziele eindeutig zu definieren und durchzusetzen. Zum einen, weil die vielen geheimen Miterzieher (Medien, Jugendgruppen) eine gewisse Macht besitzen. Zum anderen, weil die Werte- und Normenvielfalt unserer Gesellschaft eine eindeutige Festschreibung erschwert, oder auch, weil es immer wieder zu Normenkonflikten kommt. Wie etwa vermittelt man seinem Kind Hilfsbereitschaft und Rücksichtnahme, aber auch ein gesundes Maß an Durchsetzungsvermögen?

Bleibt die Frage, wie sich Werte und Normen für Familien ableiten und begründen lassen. Dabei können Ihnen zunächst einmal positive Beispiele der eigenen Eltern oder auch pragmatische Begründungen hilfreich sein. Über den privaten Bereich hinausweisend findet man auch eine gute Orientierung an den allseits geachteten Menschenrechten oder an den in unserer Verfassung festgeschriebenen Grundrechten. Menschen brauchen solche übergeordneten Werte, um drängende Probleme gemeinsam angehen und möglichst auch lösen zu können (z. B. ökologische Fragen, Friedensfragen, Bildungsfragen, Ernährungsfragen, Gesundheitsfragen). Sicher ist, dass auf Dauer ein friedvolles und menschenwürdiges Leben für alle nur möglich ist, wenn jeder Einzelne über die notwendigen Kompetenzen verfügt und sich dem Prinzip Verantwortung verpflichtet fühlt. Ganz besonders wichtig sind dabei die Selbstbestimmungs- und Solidaritätsfähigkeit, auf die ich im Folgenden näher eingehen möchte.

Selbstbestimmungs- und Solidaritätsfähigkeit

Selbstbestimmungs- und Solidaritätsfähigkeit – das klingt zunächst einmal sehr abstrakt. Wie lässt sich daraus konkretes Handeln ableiten?

Lassen Sie mich zunächst versuchen, die beiden Begriffe inhaltlich zu konkretisieren. Ich orientiere mich dabei an den Ausführungen Hobmairs.[8] Kinder und Jugendliche brauchen übrigens die beispielhaft ausgewiesenen Teilfähigkeiten nicht zuletzt auch, um in der Schule gut zurechtzukommen.

Übersicht 4: Was ist Selbstbestimmungs- und Solidaritätsfähigkeit?

Mögliche inhaltliche Konkretisierungen:
- Mit anderen Meinungen nur dann übereinstimmen, wenn man sie als überzeugend empfindet; sich jedenfalls nicht »wie das Fähnlein im Winde« verhalten.
- Ungerechtfertigte Ansprüche anderer freundlich, aber bestimmt abwehren können.
- Die eigenen Interessen zum Ausdruck bringen; aber auch die Wünsche und Erwartungen anderer respektieren und berücksichtigen können.
- Sich flexibel verhalten sowie Verantwortung für das eigene Handeln übernehmen können.
- Geben und Nehmen in Beziehungen als selbstverständlich ansehen und entsprechend handeln können.
- Sich auch dann für andere einsetzen, wenn man selbst keinen Vorteil davon hat.
- Zugunsten Benachteiligter auf eigene Vorteile verzichten können.
- Mit anderen gemeinsam verabschiedete Dinge auch dann durchzufechten, wenn man Widerstand erfährt.
- Bereit sein, sich für andere einzusetzen, auch wenn es die eigene Zeit kostet.
- Das eigene Konsumverhalten kritisch hinterfragen und Verschwendung vermeiden können.
- Sich gemeinsam mit anderen gegen offensichtliches Unrecht zur Wehr setzen können.
- Gemeinsam mit anderen nach Lösungen suchen.

Tugenden

In den 1950er- und 60er-Jahren war es selbstverständlich, dass Kinder im Zeugnis »Kopfnoten« erhielten. Insbesondere in Betragen und Mitarbeit waren solche Noten für die allermeisten Eltern sehr wichtig … und darum auch den Kindern nicht egal. Respekt vor Erwachsenen und insbesondere vor Lehrern war ein Wert, den seinerzeit weite Teile der Gesellschaft teilten und der von Eltern entsprechend eingefordert wurde.

Nun will ich hier nicht die »gute alte Zeit« herbeisehnen oder das Hohelied der Disziplin anstimmen[9] – allerdings gefällt mir die Vorstellung schon, dass wir im Alltag den *respektvollen Umgang* miteinander wieder stärker in den Vordergrund rücken. Respekt bedeutet, Menschen nicht verletzen, herabsetzen oder demütigen zu wollen, auch dann nicht, wenn man ihr Verhalten ablehnt oder missbilligt. Und diese Erwartung muss wechselseitig gelten: *Auch Lehrkräfte müssen ihre Schüler respektvoll behandeln.*

Freundlichkeit, Höflichkeit, Hilfsbereitschaft, Zuverlässigkeit, Ehrlichkeit, Fleiß, Rücksichtnahme usw. sind wichtig, weil sie das Zusammenleben bereichern und erleichtern. Dies gilt auch und ganz besonders in der Schule. Wenn Lehrer immer wieder den Wunsch äußern, Eltern sollten im Sinne dieser Tugenden stärker auf ihre Kinder einwirken, ist dies sicher mehr als nur ein Hilferuf in eigener Sache. Es ist auch als Appell an die Eltern zu verstehen, ihrer Rolle als Erziehende nachzukommen.

Übersicht 5: Was Lehrkräfte sich von Eltern wünschen (Beispiele)

- Die Kinder dazu anhalten, ihre Hausaufgaben zu machen sowie die schulisch notwendigen Materialen und Bücher bereitzuhalten.
- Darauf achten, dass die Kinder ausgeschlafen, korrekt gekleidet und pünktlich in die Schule kommen.
- Darauf hinwirken, dass sie sich zivilisiert benehmen, aktiv am Unterricht teilnehmen und diesen auch dann nicht stören, wenn es einmal nicht so spannend oder unterhaltsam ist.
- Darauf hinwirken, dass die Kinder andere nicht beleidigen, mobben oder beschimpfen (Obszönitäten, Fäkalsprache).
- Darauf hinwirken, dass sie bei allen sonstigen Schulveranstaltungen zum Gelingen mit beitragen.

Medienerziehung

Wer in der heutigen Zeit Kinder erzieht, kommt um das Thema Medien, Medienkonsum und Medienerziehung nicht herum. Zwar wirken immer positive wie negative Umwelteinflüsse auf Kinder ein, und jedes einzelne Kind verarbeitet Bildschirmreize entsprechend des eigenen Entwicklungsstandes und Reifegrades. Dennoch lassen sich verschiedentlich Zusammenhänge zwischen einem stark erhöhten Bildschirmkonsum (mehr als zwei bis drei Stunden tägliche Beschäftigung mit Fernsehen, PC,

Handy, Spielekonsole) und negativen Langzeitfolgen ausmachen. Ein hoher Dauerkonsum kann demnach …

- zu psychosomatischen Beeinträchtigungen wie erhöhter Nervosität, Schlafstörungen, Kopfschmerzen, Konzentrationsschwäche, Gefühlsabstumpfung etc. führen,
- körperliche Auswirkungen wie Haltungsfehler, Herz-Kreislaufschwäche, Übergewicht, mangelnde Fitness usw. bewirken,
- zu Störungen bei der geistigen, sprachlichen und sozialen Entwicklung führen, z. B., wenn in den ersten Lebensjahren das Gehirn vorwiegend durch medial geprägte Reize geformt wird[10] oder die Kinder in Parallelwelten abtauchen, weil diese mehr Befriedigung verschaffen.[11]

Von Kindern und Jugendlichen kann nicht erwartet werden, dass sie sich selbst vor diesen Konsequenzen schützen – das fällt in den Aufgabenbereich der Eltern und sonstigen Erzieher. Gleichzeitig macht es aber wenig Sinn, den Mediengebrauch komplett zu verbieten. Vielmehr muss es darum gehen, die Medienkompetenz der Kinder im umfassenden Sinne zu fördern. Das heißt, Kinder sollten von Anfang an nicht einfach nur lernen, wie man Fernseher, Computer & Co. benutzt, sondern wie man dies verantwortlich tut. Dazu gehört ein moderater Umgang mit dem Medium ebenso wie die Lernerfahrung, dass nicht alles, was im Fernsehen kommt oder im Internet steht, deshalb automatisch wahr ist. Kinder und Jugendliche nutzen im Internet ganz selbstverständlich die Möglichkeiten sozialer Netzwerke wie z. B. Facebook oder schülerVZ. Dies kann eine enorme Bereicherung für ihr Leben darstellen, und bei konstruktiver Nutzung können auf diese Weise sogar sinnvolle gesellschaftliche Veränderungsprozesse angestoßen werden. Allerdings müssen Kinder und Jugendliche auch die großen Gefahren erkennen, die das Internet birgt, und lernen, sich und andere davor zu schützen.

Wo es um den kreativen, nicht rein rezeptiven Umgang etwa mit dem PC oder einer Digitalkamera geht, sind die meisten Kinder ihren Eltern (und auch den Lehrerinnen und Lehrern) deutlich überlegen. Dass in dieser Hinsicht die Erwachsenen von den Kindern lernen können, stärkt das Selbstbewusstsein von Kindern und Jugendlichen. Der kreative Umgang mit den neuen Medien ist als Basis für ein elektronisch unterstütztes Lernen, für Präsentationsaufgaben in der Schule, im Studium und im Beruf unentbehrlich.

Wie gehen Sie vor? – Erziehungsmaßnahmen

Wenn Sie für sich geklärt und transparent gemacht haben, welche Ziele Sie mit Ihrer Erziehung erreichen möchten, stellt sich die Frage, wie Sie konkret vorgehen möchten. Ebenso wie die meisten anderen Eltern werden Sie Ihr Kind loben, evtl. auch belohnen und ermutigen, wenn es sich konstruktiv verhält. Verhält Ihr Kind sich hingegen problematisch, werden Sie ermahnen, tadeln, eventuell auch drohen, Strafen oder Wiedergutmachungsmaßnahmen einsetzen.

Beim *Loben* und *Belohnen* nutzen Eltern und Erzieher das Grundprinzip des Lernens durch Verstärkung. Verstärker sind Ihr Lob oder Ihre Zustimmung (soziale Verstärkung) oder Belohnungen in Form von Geld oder Geschenken (materielle Verstärkung), gemeinsamer Freizeitgestaltung oder dem Erlassen einer unangenehmen Aufgabe (immaterielle Verstärker). Durch Verstärkung erhöhen Sie die Wahrscheinlichkeit, dass Ihr Kind das konstruktive Verhalten auch weiterhin zeigt. Lob wirkt sich darüber hinaus positiv auf die Lern- und Leistungsmotivation sowie das Selbstvertrauen Ihres Kindes aus – allerdings nur, wenn es im richtigen Maße sowie an der richtigen Stelle erfolgt. Ständiges übertriebenes Loben für Dinge, die Ihr Kind als selbstverständlich empfindet, wird seine Eigenmotivation eher schwächen. Wenn Lob und Belohnung als Macht- oder Druckmittel eingesetzt werden, besteht die Gefahr, dass Kinder und Jugendliche von diesen Maßnahmen abhängig werden.

Anders sieht es mit *Ermutigungen* aus. Ihre Auswirkungen sind durchweg positiv, denn wer ein Kind ermutigt, übt keinen Druck aus und spricht ihm Vertrauen zu – ganz unabhängig davon, wie leistungsstark oder -schwach es ist.

Ermahnungen, Androhungen, Tadel und vor allem *Strafen* sollen Kinder davon abhalten, etwas zu tun, was Eltern oder andere Erziehende als problematisch empfinden. Pädagogen raten allerdings aus verschiedenen Gründen von zu häufigem oder massivem Bestrafen ab.

Übersicht 6: Mögliche negative Nebenwirkungen des massiven Bestrafens

Ein Kind, das häufig massiv bestraft wird, …
- passt sich nur an, unterdrückt das unerwünschte Verhalten, zeigt kaum Einsicht,
- reagiert häufig mit Mogeln, Lügen, Ausweichen, um Strafen zu vermeiden,
- erlernt keine sinnvollen alternativen Handlungsmöglichkeiten,
- verhält sich häufig aggressiv oder feindselig gegen andere Menschen und Sachen,
- empfindet die Strafe evtl. sogar als Form von Zuwendung (»Lieber Strafe als gar keine Aufmerksamkeit«),
- ahmt eventuell das bestrafende Verhalten der Eltern oder anderer Erzieher im Umgang mit Geschwistern oder Spielkameraden nach,
- erlebt sich als »falsch« oder unzulänglich.

Dies bedeutet jedoch nicht, dass eine gelegentliche Strafe nicht wirksam sein kann. Das ist vor allem dann der Fall, wenn sie vom Kind oder Jugendlichen als nachvollziehbar, gerecht und angemessen empfunden wird. Die Strafe sollte also in einem klaren sachlichen Zusammenhang mit dem problematischen Verhalten stehen, und sie sollte in ihrem Ausmaß angemessen sein. Dazu ein Beispiel:

Der 12-jährige Moritz hat sich entgegen der Absprache mit seiner Mutter (heimlich) erneut wieder wüste Computerspiele angeschaut.
Unangemessene Strafen: (1) Völliger Computerverzicht für die nächsten 14 Tage. Hier fiele z. B. auch die Nutzung für sinnvolle Zwecke weg. Außerdem ist das Ausmaß der Strafe zu hoch. (2) Die nächste Woche ist ein Besuch von Freunden verboten. Hier steht die Strafe in keinem Bezug zum problematischen Verhalten; außerdem werden wichtige soziale Aktivitäten verhindert.
Sinnvolle Strafe: Die *private* Computernutzung erfolgt in der nächsten Woche nur eingeschränkt (gemäß der vereinbarten Regel »Kein Schund«) und im Sicht- und Zeitfenster der Eltern.

Wenn Kinder oder Jugendliche durch problematisches Verhalten oder Unachtsamkeit Schaden anrichten, ist es ratsam, sie zur Wiedergutmachung aufzufordern. Dies gilt für materielle wie immaterielle Schäden. Die Wiedergutmachung sollte aber nicht als Strafe daherkommen, sondern als Chance begriffen werden. Beispielsweise kann eine ehrlich gemeinte und mit Überzeugung vorgebrachte Entschuldigung die Beziehung zu einem Freund langfristig sogar vertiefen. Dasselbe gilt, wenn Ihr

Kind einen materiellen Schaden vom eigenen Taschengeld (zumindest teilweise) begleicht.

- Wie in allen anderen erzieherischen Fragen gilt auch hier: Sie sind das erste und wichtigste Vorbild für Ihr Kind – ob Sie wollen oder nicht. Bemühen Sie sich daher, das Verhalten, das Sie sich von Ihrem Kind wünschen, auch selbst aktiv vorzuleben. Ihre Werte und Tugenden kommen zum Ausdruck in den kleinen Alltagsdingen in der Kommunikation, bei der Ernährung, beim Fernsehkonsum, beim Autofahren usw. Wie gehen Sie mit Nachbarn und Freunden um? Wie mit Partner oder Partnerin? Wie behandeln Sie Ihren Hund, und wie lösen Sie Ihre Probleme?
- Ziehen Sie hin und wieder *gemeinsam mit Ihrem Kind Zwischenbilanz*. Dies kann fast nebenbei beim Essen oder einer anderen gemeinsamen Aktivität geschehen, muss also nicht zu »hoch gehängt« werden. Regen Sie das Gespräch an, indem Sie z. B. berichten, worüber Sie sich in den letzten Wochen gefreut oder auch geärgert haben. Fragen Sie Ihr Kind: Wie erging es ihm? Wie ist seine Sicht der Dinge? Gemeinsam können Sie dann überlegen, was Sie sich für die nächsten Wochen vornehmen möchten.
- Bleiben Sie hartnäckig in Bezug auf die Dinge, die Ihnen wirklich wichtig sind. Suchen Sie immer wieder das *Gespräch* mit Ihrem Kind. Leisten Sie *Überzeugungsarbeit,* um Ihren elterlichen Einfluss geltend zu machen. Bleiben Sie auch dann »dran«, wenn sich Widerstand zeigt oder der häusliche Friede in Gefahr ist. Seien Sie aber gleichzeitig offen für die Argumente Ihres Kindes und versuchen Sie auch diese aufzunehmen. Denn eigentlich will Ihr Kind Sie persönlich ja nicht ärgern oder erschrecken, sondern nur seine eigenen Bedürfnisse befriedigen. Diese zu erkennen und dann mit anderen, konstruktiveren Mitteln befriedigen zu lernen, ist eine lohnenswerte Aufgabe. Vor allem bei typischen Konfliktsituationen lassen sich möglicherweise vernünftige Kompromisse finden. In der folgenden Übersicht finden Sie einige einschlägig bekannte Alltagskonflikte, bei denen sich eine gemeinsame Suche nach Lösungen und Kompromissen anbietet.

Übersicht 7: Typische Alltagskonflikte – und die Suche nach Kompromissen

Absichten und Wünsche der Kinder	Kompromiss-Suche oder Ablehnung des Wunsches?
Kauf von sehr teurer Markenkleidung, z. B. Schuhe oder Jeans.	Eventuell möglich, wenn das Kind einen Eigenanteil vom ersparten Taschengeld dazugibt.
Erneut bei einer Freundin übernachten wollen, obwohl beim letzten Mal dadurch kaum noch Zeit blieb, für eine Klassenarbeit zu lernen.	Nur möglich, wenn Ihr Kind vorher alle wichtigen Aufgaben nachweislich erledigt hat.
Aufreizend bzw. nicht angemessen gekleidet in die Schule gehen wollen.	Kein Kompromiss möglich. Am Verbot festhalten, an die Einsicht Ihres Kindes appellieren, ggf. Druckmittel einsetzen.
Spätabends noch einen Fernsehfilm oder eine Fußballübertragung anschauen wollen, obwohl am nächsten Tag früh die Schule anfängt.	Kein Kompromiss möglich. Evtl. Video-Aufzeichnung machen und zu einem anderen Zeitpunkt anschauen.

- Sprechen Sie von Zeit zu Zeit mit Ihrem Kind über seine Erfahrungen mit Facebook, schülerVZ oder anderen *sozialen Netzwerken im Internet.* Lassen Sie sich erzählen, mit wem es vorwiegend kommuniziert und worum es dabei geht. Weisen Sie immer wieder darauf hin, dass es sehr sorgfältig mit persönlichen Informationen, Fotos und Dokumenten umgehen muss, niemanden als Freund aufnimmt, den es nicht auch persönlich kennt usw. Informieren Sie sich selbst im Internet, wie man vor allem jüngere Kinder schützen und deren Nutzung der Netzwerke kontrollieren kann. Im Internet finden Sie Sicherheitsleitfäden für Familien, die Sie kostenlos herunterladen können.
- Bei *Belohnungen* sind die kleinen Gesten oder immaterielle Zuwendungen in der Regel zu bevorzugen. Auf üppigere Geldbeträge sollte man meines Erachtens auch dann verzichten, wenn Kinder ein besonders gutes Zeugnis mit nach Hause bringen oder verbesserte Schulleistungen zeigen. Der eigentliche Lohn steckt bereits in dem schönen Zeugnis und dem Erlebnis des Kindes, dieses Zeugnis in der Hand oder sein selbst gestecktes Ziel erreicht zu haben. Äußere Zuwendungen bergen das Risiko,

dieses innere Empfinden zu entwerten. Sicher stellt ein größerer Geldbetrag, ein wertvolles Geschenk etc. eine schöne Form der Anerkennung für einen erreichten Abschluss dar, z. B. für eine erfolgreiche Berufsausbildung oder das geschaffte Abitur. Ob es gleich ein Neuwagen sein muss, wie das hier und da bereits geschieht, bleibt sicher auch dann zu hinterfragen, wenn die Eltern sich das problemlos leisten können.

Erziehung ist keine Einbahnstraße

> *Kinder sind eine wunderbare Chance, auch sich selbst zu entwickeln.*

Erziehung ist immer ein wechselseitiger Vorgang. Wir Erwachsenen halten uns zwar gern für die alleinigen Erzieher, weil von uns in der Regel die Erziehungsgewalt (welch furchtbares Wort!) ausgeht. Aber das stimmt so nicht. Denn Kinder erziehen auch uns, die Erwachsenen. Dies merkt man im Alltag vor allem dann, wenn die Vorbildrolle gefragt ist: Wann sind Sie beispielsweise zuletzt an einer roten Fußgängerampel, die Sie eigentlich gern mit einem Sprint überquert hätten, stehen geblieben, weil auf der anderen Straßenseite Kinder warteten?

Kinder erziehen uns Erwachsene in der Regel nicht bewusst. Aber sie können mit ihrem Verhalten dazu beitragen, dass wir freundlicher und gerechter handeln, dass wir unsere Empathie weiter entfalten, dass wir uns unserer ökologischen und sozialen Verantwortung in der Welt stärker bewusst werden. Im täglichen Umgang können wir darüber hinaus oft von Kindern profitieren, beispielsweise, wenn es darum geht, sich mit dem technischen Fortschritt oder den neuen Medien vertraut zu machen. Nicht selten werden dann die Kinder zu Lehrern der Eltern.

Die Liste der erzieherischen Wirkung von Kindern ließe sich problemlos erweitern. Es tut gut, sich diesen Zusammenhang ab und an einmal bewusst zu machen, denn es lässt uns dankbarer sein. Es ist eben nicht nur ein besonderes Geschenk des Lebens, eigene Kinder zu haben, sich an ihnen zu erfreuen und mit ihnen gemeinsam viel vom Leben zu erfahren, sondern sich durch sie auch verändern zu lassen. Wir wachsen an unseren Kindern und öffnen uns dem Leben auf eine besondere Weise. Im positiven Fall erweitern wir so unsere individuelle Persönlichkeit.

Bei sehr schwierigen oder verhaltensauffälligen Kindern kann es dahin kommen, dass Eltern sich durchgängig überfordert fühlen. Dann leidet irgendwann die Fähigkeit zur Geduld, Nachsicht und Beständigkeit. Wenn Sie den Eindruck haben, dass die Erziehung Ihres Kindes über Ihre Kräfte geht, sollten Sie sich rechtzeitig Hilfe holen, entweder innerhalb der Familie oder des Freundeskreises oder bei den Familien- und Erziehungsberatungsstellen (siehe auch das Kapitel *Wenn man weitere Hilfe braucht*, Seite 163ff.).

Exkurs: Wie Sie als Eltern und Erzieher selbst gesund bleiben

Menschen, die zu beschäftigt sind, sich um ihre
Gesundheit zu kümmern, sind wie Handwerker,
die keine Zeit haben, ihre Werkzeuge zu pflegen.
Spanische Weisheit

Um als Vater oder Mutter gut durch die Schulzeit der Kinder zu kommen und den Nachwuchs bestmöglich zu unterstützen, brauchen Sie vor allem eins: eine robuste Gesundheit. Sie ist die Voraussetzung dafür, dass Sie Ihre Rolle in der Familie und in der Gesellschaft zufriedenstellend wahrnehmen können. In den ersten Lebensmonaten und -jahren Ihres Kindes besteht die gesundheitliche Herausforderungen meist vor allem darin, mit einem chronischen Mangel an Schlaf und den völlig neuen Lebensumständen zurechtzukommen. Später, wenn Ihr Kind selbstständiger wird, verändern sich die Herausforderungen. Vor allem in der Pubertät sind Eltern beispielsweise auch Sparringspartner ihrer Kinder – eine Rolle, die beträchtliche Anforderungen an die eigene Lebensenergie stellen kann.

Daneben gibt es im Leben immer auch Ereignisse, vielleicht sogar Schicksalsschläge, die es unmöglich machen, vollkommen gesund zu sein. Dann zeigt sich in der Regel, dass Liebe und Zuneigung viel bedeutsamer sind als die eigene Unversehrtheit und Fitness. Und die Kinder zeigen uns in solchen Krisenphasen zu unserem Erstaunen immer wieder, wie schnell sie plötzlich groß und vernünftig werden und für sich selbst – und manchmal auch für die Familie – Verantwortung übernehmen können.

Was versteht man nun aber unter Gesundheit, und wie können Sie sie am besten herstellen und bewahren? Es gibt viele Definitionen von Gesundheit, mit denen ich Sie hier nicht langweilen will. Man kann aber wohl sagen, dass Gesundheit mehr ist als die Abwesenheit von Krankheit. Die Weltgesundheitsorganisation (WHO) hat Gesundheit definiert als einen Zustand des körperlichen, seelischen und sozialen *Wohlbefindens.* Für die allermeisten von uns ist dieser Zustand zwar wünschenswert, jedoch nur ab und an erreichbar. Dennoch stecken in der Definition zwei wichtige Hinweise: Zum einen wird deutlich, dass es sicher nicht alleine auf die körperliche Unversehrtheit und Fitness ankommt, sondern auch auf eine zufriedenstellende Einbindung in die Gemeinschaft. Zum anderen sind es auch nicht so sehr die objektiven medizinischen Befunde, die Gesundheit ausmachen, sondern vielmehr unsere innere Verfassung, aus der heraus wir die Zuversicht entwickeln, den täglichen Herausforderungen gewachsen zu sein. In diesem Sinne sollten Sie hin und wieder innehalten und sich fragen, was Ihre Gesundheit aktuell möglicherweise gefährdet und welche Schutzmechanismen Sie ggf. mobilisieren können. Krank wird man meistens dann, wenn das Gleichgewicht von Anspannung und Erholung kippt, die negativen Stressfaktoren überhand nehmen und die stabilisierende Wirkung der Schutzfaktoren nachlässt. Insofern kommt es entscheidend darauf an, die nachstehend aufgeführten Stressauslöser möglichst zu vermeiden und die Schutzmechanismen zu aktivieren.

Übersicht 8: Gesundheitsrisiken minimieren – Gesundheitskräfte aktivieren

Ich vermeide möglichst ...	Ich suche ...
• bedenkliche Arbeitsbelastungen, • Freizeitstress und mangelnde Erholungsphasen, • permanenten Zeitdruck, • langanhaltende Konflikte mit dem Partner, • langanhaltende Konflikte mit den Kindern, • Konflikte mit Behörden, • Lärmbelastungen, • ungesunde Ernährung, • den übermäßigen Genuss von Nikotin, Alkohol etc.	• Rückhalt im Freundeskreis und Nähe zu positiv denkenden Menschen, • Rückhalt in der Familie, • die Balance zwischen Arbeit, Familie und Freizeit, • Kraft aus einem Hobby oder Ehrenamt, • Kraft aus Sport und Bewegung, regelmäßiger Entspannung in der Natur und einer gesunden Ernährung.

Tipps

• Ziehen Sie Ihre *eigene Gesundheitsbilanz* und überlegen Sie, an welcher Stelle Sie einem Zuviel an negativ wirkenden Stressfaktoren ausgesetzt sind und wie Sie das bald ändern können. Legen Sie fest, was Sie rasch und ohne fremde Hilfe hinbekommen und was Sie mittel- und langfristig – evtl. mit Hilfe des Partners, von Freunden etc. – hinbekommen können. Entwickeln Sie einen Fahrplan, in dem die einzelnen Ziele mit Datum aufgelistet sind. Hängen Sie diesen Fahrplan an einem für Sie – und am besten auch für Ihre Familie – sichtbaren Platz auf. Beginnen Sie dann mit seiner Umsetzung und lassen Sie sich von ersten Hemmnissen nicht vom Pfad abbringen. Auch hier gilt: »Steter Tropfen höhlt den Stein«.

• *Ändern Sie die Rahmenbedingungen und Spielregeln Ihres Handelns* und versuchen Sie nicht, die anderen Menschen zu ändern! Letzteres gelingt in der Regel nicht. Wenn Sie bei sich selbst etwas ändern, löst dies meist auch in Ihrem Umfeld die Effekte aus, die nötig sind, damit es Ihrer Gesundheit besser geht.

• *Schwerwiegendere Beeinträchtigungen der eigenen Gesundheit* lassen sich nur mit Hilfe von professionellen Begleitern, auch Ärzten oder Therapeuten, beheben. Dies gilt auch für Beziehungsprobleme, die gravierende Auswirkungen auf die eigene Gesundheit haben können. Scheuen Sie sich nicht, Hilfe in Anspruch zu nehmen. Dies ist kein Eingeständnis von Schwäche, sondern Ausdruck klugen Handelns. Selbstverständlich ist auch ein Gespräch mit Freundinnen oder Freunden hilfreich. Das Zuhören sowie der Gedankenaustausch tun gut, auch wenn sie in der Regel nicht direkt zu einer Lösung der Probleme führen.

• Sicher ist es nicht immer leicht, auch schwierigen oder gar krisenhaften Lebenssituationen positive Aspekte abzugewinnen. Machen Sie sich aber bewusst, dass eine Veränderung von Lebensumständen auch Chancen zur Entwicklung mit sich bringen kann und man gar nicht so selten auch gestärkt aus einer Krise hervorgeht.

• Vergewissern Sie sich Ihrer Stärken und aktivieren Sie diese zur rechten Zeit. Aufschlussreich kann ein eigener *»Stärkencheck«* sein. Das geht so: Sie schreiben auf ein Din-A-4-Blatt alle Ihre Stärken auf; z. B. Organisationstalent, Freundlichkeit, Wärme, Zuverlässigkeit, Humor etc. Dann betrachten Sie Ihre momentan zentrale Problemsituation und machen sich klar, welche dieser Stärken bislang bei den von Ihnen genutzten Lösungsansätzen nicht zum Tragen gekommen sind. Wie können Sie sie ab sofort gewinnbringend einsetzen?

Liebe Leserin, lieber Leser,

gerne informieren wir Sie künftig über unsere Neuerscheinungen. Teilen Sie uns mit, für welche Themen Sie sich interessieren und schicken einfach diese Karte zurück.

Wenn Sie außerdem unsere Fragen auf der Rückseite beantworten, helfen Sie uns, zukünftig genau die Bücher zu machen, die SIE interessieren!

Gerne revanchieren wir uns für Ihre Mühe:
Unter allen Einsendern verlosen wir monatlich Bücher aus unseren Programmen im Wert von € 50,-

Antwort

VERLAGSGRUPPE PATMOS

Senefelderstraße 12
D-73760 Ostfildern

Ihre Meinung ist uns wichtig!

Diese Karte lag in dem Buch:

....

Ihre Meinung zu diesem Buch:

....

....

....

Wie sind Sie auf dieses Buch gestoßen?

○ Buchbesprechung in:

○ Anzeige in:

○ Verlagsprospekt

○ Entdeckung in der Buchhandlung

○ Internet

○ Empfehlung

○ Geschenk

Für welche Themen interessieren Sie sich?

○ Religion
○ Spiritualität & Lebenskunst
○ Kinder & Familie
○ Kirche & Gemeinde
○ Theologie & Religionswissenschaft

○ Garten / Kochen / Wohnen
○ Kalender & Geschenke
○ Psychologie & Lebenshilfe
○ Geschichte/Geschichtswissenschaft

Fordern Sie unsere aktuellen Themenprospekte an:

bestellungen@verlagsgruppe-patmos.de
Fax +49.711.4406-177
Tel. +49.711.4406-194

Einen Überblick unseres **Gesamtprogramms** finden Sie unter
www.verlagsgruppe-patmos.de

PATMOS
ESCHBACH
GRÜNEWALD
THORBECKE
SCHWABEN

Die Verlagsgruppe
mit Sinn für das Leben

Teil 2
Das Umfeld kennen –
was man über Schule
und Lehrer wissen muss

Man muss die Schule verstehen, um umsichtig handeln zu können.

Im ersten Teil des Buches ging es darum, was Sie als Eltern und Erzieher tun können, um Ihr Kind zu stärken und zu erziehen. Gelingt dies, sind wichtige Voraussetzungen erfüllt, damit es in der Schule gut zurechtkommt und auch schwierige Situationen bewältigen kann. Auch Sie selbst können dann mit einer gewissen Zuversicht auf die kommenden Herausforderungen blicken. Allerdings ist dies keine Garantie dafür, dass nun in der Schule alles problem- und konfliktfrei abläuft.

In der Schule treffen verschiedene Anforderungen, vielfältige gesellschaftliche und politische Einflüsse und unterschiedliche mittelbare und unmittelbare Akteure aufeinander. Sie ist daher von vornherein nie konfliktfrei. Umso wichtiger ist es für Sie, das System Schule zu durchschauen und sich diesbezüglich gewisse Grundkenntnisse anzueignen. Es ist hilfreich, sich Gedanken darüber zu machen, welche Aufgaben eine Schule hat und vor welchen Herausforderungen heutzutage Lehrkräfte stehen; auch, welche Rechte und Verpflichtungen sich daraus für die Schule und die Lehrer ergeben, und was das Ganze dann für Sie und Ihre schulpflichtigen Kinder bedeutet.

Ein genauerer Blick auf das System Schule kann im Idealfall auch mit dazu beitragen, dass Sie manche Entscheidungen der Schule und der Lehrer besser nachvollziehen können, dass Sie aber auch leichter durchschauen, was an »Ihrer« Schule gut läuft, was verbesserungswürdig und was am besten sofort abzustellen ist. Darüber hinaus werden Sie im Umgang mit der Schule und den Lehrern sicherer agieren und ggf. mögliche Konflikte besser bewältigen können.

3. Das System Schule

Der Rahmen

In der Bundesrepublik Deutschland entscheiden die einzelnen Bundesländer, wie sie sich die Schule und ihren Auftrag genau vorstellen. Selbstverständlich ist aber die jeweilige Landespolitik an die Bestimmungen des Grundgesetzes gebunden. Auch die Empfehlungen der Kultusministerkonferenz und die vom Bildungsministerium gesteuerten Rahmenbedingungen haben Einfluss auf das, was in der Schulpolitik des jeweiligen Bundeslandes passiert. Darum ähneln sich letztlich die Grundannahmen zur Schule und ihren Aufgaben in allen Bundesländern. Vergleicht man die jeweiligen Schulgesetze miteinander, dann fällt auf, dass ganz wesentlich das Recht des Menschen auf Bildung hervorgehoben wird. Neben dem Bildungsauftrag wird aber auch der Erziehungsauftrag der Schulen betont. Dieser orientiert sich an einem humanistisch und christlich geprägten Menschenbild und betont zudem die Verankerung in unserer freiheitlich angelegten Demokratie, die es weiterzuentwickeln gilt.

Interessant ist nun, welche Teilaufgaben sich aus dem Bildungs- und Erziehungsauftrag ableiten lassen und wie in der Folge die Schulen versuchen, diesen Aufgaben nachzukommen. Die folgende Übersicht erfasst einige der zentralen Bildungs- und Erziehungsaufgaben von Schule.

Übersicht 9: Der Bildungs- und Erziehungsauftrag der Schule

Bildungsaufgaben/Ziele	*Erziehungsaufgaben/Ziele*
• Vermittlung von Kenntnissen, Fähigkeiten, Fertigkeiten und Werthaltungen, so dass die Schüler über umfassende Kompetenzen verfügen, mit denen sie gegenwärtig und zukünftig am gesellschaftlichen Leben teilnehmen und dieses *selbstbestimmt, solidarisch* und verantwortlich *mitgestalten* können.	• Entfaltung der Persönlichkeit im Rahmen der sozialen Gemeinschaft. • Ausbildung von Verantwortungsbereitschaft, Hilfsbereitschaft, Konfliktfähigkeit, Kooperationsfähigkeit usw. • Menschenrechte achten und im Geist der Menschlichkeit, Demokratie und Freiheit handeln können.

Bildungsaufgaben/Ziele	*Erziehungsaufgaben/Ziele*
• Vermittlung von Schlüssel-qualifikationen wie »Selbststän-dig lernen können«, »Mit Dritten sinnvoll kooperieren und kom-munizieren können«, »Moderne Medien sinnvoll nutzen können«, »Kreativität entfalten können« usw. • Urteils- und Handlungsfähigkeit der Schüler ausbilden, damit die-se sich z. B. als mündiger Bürger in einer offenen und pluralen Ge-sellschaft einbringen und diese mitgestalten können.	• Verschiedene Erziehungsziele wie: Friedenserziehung, ökologische Erziehung, Gesundheitserzie-hung, Geschlechtererziehung, Medienerziehung, Leistungserzie-hung usw.

Damit diese Bildungs- und Erziehungsziele nicht im Abstrakten verblei-ben, haben die jeweiligen Schulministerien neben den schulisch relevan-ten Gesetzen entsprechende Richtlinien und Lehrpläne für die einzelnen Fächer, Schulformen, Schulstufen oder Bildungsgänge entwickelt und zur Umsetzung *vorgegeben*. So soll neben einer bundesweiten Vergleich-barkeit von Abschlüssen gewährleistet werden, dass sich Bildungs- und Erziehungsziele in der täglichen Arbeit (z. B. bei den Themen, Inhalten, Projekten, Verfahren, in der Unterrichtsgestaltung) widerspiegeln und die *Lehrkräfte* trotz einer gewissen pädagogisch-didaktischen Freiheit *nicht nach eigenem Belieben* handeln.

Dieser Grundansatz einer Verpflichtung auf Lehrpläne und Richtli-nien ist für Sie als Vater oder Mutter – und für Ihr Kind – bedeutsam, denn daraus ergeben sich natürlich gewisse Verpflichtungen und An-sprüche für beide Seiten. Die Lehrer haben beispielsweise die Pflicht, diese Richtlinien und Lehrpläne möglichst zu erfüllen. Gleichzeitig kön-nen sie daraus auch bestimmte Ansprüche an das Lern- und Leistungs-verhalten Ihres Kindes ableiten. Auf der anderen Seite haben Sie und Ihr Kind den Anspruch, dass sich Schule und Lehrkräfte alle nur erdenkli-che Mühe geben, damit Ihr Kind sich die nötigen Qualifikationen und Kompetenzen aneignen kann und in seiner individuellen und sozialen Entwicklung entsprechend gefördert wird. Grundsätzlich erwachsen da-raus aber auch die klassischen Verpflichtungen von Eltern und Kindern.

Lehrkräfte, Eltern und Schüler: Wer hat welche Rechte und Pflichten?

Die *Lehrerinnen und Lehrer* sind bei ihrer Tätigkeit an die für sie gültigen Schulgesetze, Richtlinien, Lehrpläne und Erlasse sowie ihre Dienstordnungen gebunden. Diese werden durch die *oberste* Schulaufsichtsbehörde erlassen bzw. herausgegeben. Darüber hinaus können Verfügungen der *oberen* Schulaufsichtsbehörden (Bezirksregierungen) sowie Beschlüsse der Schulkonferenz ebenfalls zu einer wichtigen Richtschnur des Handelns werden. Daraus ergibt sich ein ganzes Bündel von Rechten und Pflichten, von denen für Sie als Eltern vor allem folgende von Bedeutung sind:

Übersicht 10: Wesentliche Rechte und Pflichten der Lehrkräfte

Rechte	*Pflichten*
• Lehrerinnen und Lehrer können von ihren Schülern Lern-, Bildungs- und Selbsterziehungsanstrengungen verlangen. • Sie können die Unterstützung durch die Eltern erwarten. • Sie können alle *angemessenen* Erziehungsmaßnahmen, auch Ordnungsmaßnahmen, veranlassen. • Sie können Leistungen erfassen, bewerten und Noten festlegen sowie über Schulabschlüsse oder auch Versetzungen bestimmen.	• Lehrerinnen und Lehrer haben ihre Fürsorge- und Aufsichtspflichten wahrzunehmen. • Sie müssen die Verschwiegenheitspflicht einhalten. • Sie müssen den Unterricht sorgfältig planen und durchführen, damit die Kinder mit dem erforderlichen Wissen, Können und der daraus resultierenden Urteilskraft ausgestattet werden. • Sie müssen Unparteilichkeit wahren. • Sie müssen die pädagogische Förderung der Kinder, auch die Erziehung zur Selbstständigkeit beachten. • Sie haben Informationspflichten in allen schulischen Angelegenheiten, aber auch Beratungspflichten, z. B. an Elternsprechtagen.

Wird ein Schüler oder eine Schülerin in eine öffentliche Schule aufgenommen, begründet dies ein öffentlich-rechtliches Schulverhältnis. Daraus ergeben sich dann ganz bestimmte Rechte und Pflichten. Das Schulverhältnis erfordert von allen Beteiligten eine vertrauensvolle Zusammenarbeit. Die Rechte und Pflichten der Eltern und Schüler lassen sich vor allem aus dem Schulgesetz ablesen. Die *Eltern* haben vor allem dafür zu sorgen, dass die Kinder am Unterricht und den sonstigen verbindlichen Veranstaltungen regelmäßig teilnehmen. Weitere Rechte und Pflichten sind in nachstehender Übersicht zu finden.

Übersicht 11: Rechte und Pflichten der Eltern

Rechte	*Pflichten*
• Eltern haben ein eingeschränktes Wahlrecht der Schule und des Bildungsweges. • Sie haben die Wahl zwischen Religions- oder Ethikunterricht, bis die Kinder 14 Jahre alt sind. • Sie haben Anhörungsrechte bei Verwaltungsakten, z. B. bei bestimmten Ordnungsmaßnahmen. • Sie haben ein Informationsrecht über alle erziehungsrelevanten Ereignisse, z. B. Leistungsstand der Kinder, eventuelle pädagogische Maßnahmen, aber auch im Rahmen bestimmter Funktionen (z. B. Teilnahme an Fachkonferenzen). • Sie haben Mitwirkungsrechte im Rahmen der durch die Schulgesetze bestimmten Gremien (z. B. Eltern-, Schulpflegschaft).	• Eltern müssen den Schulbesuch der Kinder erkennbar unterstützen. • Sie müssen für einen regelmäßigen Schulbesuch sowie die Teilnahme an schulischen Veranstaltungen sorgen. • Sie müssen die Kinder mit dem erforderlichen Schulmaterial ausstatten. • Sie müssen Briefe und Zeugnisse entgegennehmen und die entsprechenden Verfahrensregeln beachten. • Sie müssen die Kinder bei Krankheit entschuldigen. • Eltern sollen an der Gestaltung der Bildungs- und Erziehungsarbeit der Schule mitwirken und sich aktiv am Schulleben beteiligen.

Schülerinnen und Schüler haben ebenfalls eine ganze Reihe von Rechten und Pflichten, wie aus der nachstehenden Übersicht hervorgeht. Erfahrungsgemäß wissen nur wenige Schüler, dass sie die *Bildungs- und Erziehungsbemühungen der Schule aktiv zu unterstützen haben.* Ausdrücklich tragen sie *Verantwortung für das eigene Lernen* und Vorankommen. Diese Verantwortung zeigt sich u. a. an der gewissenhaften Vorbereitung *auf* den Unterricht, an der aktiven Mitarbeit *im* Unterricht sowie an der sorgfältigen Erledigung der Hausaufgaben. Schülerinnen und Schüler müssen sich aber auch nicht alles gefallen lassen. Daher werden ihnen ausdrücklich auch viele Rechte zugesprochen.

Übersicht 12: Rechte und Pflichten der Schülerinnen und Schüler

Rechte	Pflichten
Individuelle Schülerrechte • Schülerinnen und Schüler haben ein Recht auf Achtung und Schutz ihrer Persönlichkeit. • Sie haben ein Recht auf richtliniengemäßen Unterricht und individuelle Förderung. • Sie haben *Informationsrechte*, z. B. über Unterrichtsplanung, Stufung und Gruppierung des Lehrstoffs, Bewertungsmaßstäbe usw. • Sie haben *Beteiligungs-, Vorschlagsund Wahlrechte,* z. B. im Rahmen der Gestaltung schulischer Projekte, bei Kurswahlen etc. • Sie haben *Beschwerderechte,* z. B. wenn sie sich ungerecht behandelt fühlen oder wenn Informationen nicht rechtzeitig oder klar gegeben werden. *Rechte der Schülervertretung* • Interessenswahrnehmung durch gewählte Schülervertreter, z. B. bei zahlreichen schulischen Anlässen.	• Schülerinnen und Schüler sind verpflichtet zur *regelmäßigen Teilnahme* am Unterricht und den sonstigen Veranstaltungen der Schule. • Sie sind verpflichtet zur regelmäßigen Mitwirkung bzw. zur *aktiven Gestaltung des Unterrichts,* so dass die Aufgabe der Schule erfüllt und die Bildungsziele erreicht werden können. • Sie müssen sich auf den Unterricht *angemessen vorbereiten,* erforderliche Arbeiten anfertigen und Hausaufgaben erledigen. • Sie sind verpflichtet zur *Einhaltung der Schulordnung* sowie dazu, Anordnungen der Schulleitung, der Lehrerinnen und Lehrer sowie befugter Personen (z. B. Schulpersonal) zu befolgen. • Sie müssen eine Erkrankung mitteilen und ggf. nachweisen.

Der Spielraum für die Wahrnehmung der Informations-, Wahl-, Beteiligungs- und Beschwerderechte der Schüler ist durch schulrechtliche Bestimmungen und Vorgaben eingegrenzt. Und wie im normalen Leben gilt auch hier der Grundsatz der Verhältnismäßigkeit. Alle am Schulleben beteiligten Personen sollten einander respektieren und ihre Rechte und Pflichten so wahrnehmen, dass der Schulfrieden gewahrt bleibt. Die folgende Skizze verdeutlicht das Zusammenwirken der Akteure bei der Erfüllung des schulischen Auftrages. Alle haben sich darum zu bemühen, dass Schule gelingen kann.

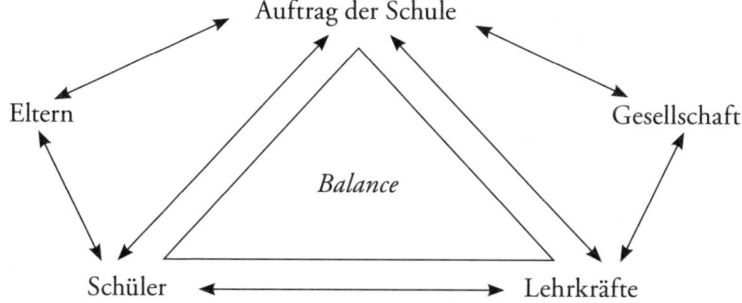

Wenn Lehrer, Eltern und Schüler ihre Rechte und Pflichten beachten, gewährleistet ihnen dies *größtmögliche Handlungssicherheit.* Darüber hinaus ist dann gesellschaftlich garantiert, dass es bundesweit an allen Schulen zumeist geordnet zugeht und dass Unterricht und Erziehung im Rahmen rechtsverbindlicher Normen ablaufen. Mit den allseitigen Rechten und Pflichten sollen Rahmenbedingungen geschaffen werden, unter denen Schülerinnen und Schüler die bestmögliche Bildung und Förderung erhalten, die Demokratie mit allen Grundrechten gestützt sowie für möglichst alle Schüler Chancengleichheit herbeigeführt wird.

Was macht eine Schule aus? – Schulprofil und Schulklima

Schulleben bedeutet mehr als das Einhalten von Rechten und Pflichten. Zum einen ist Schule immer auch ein »Übungsraum« für gelebte Demokratie. Dies zeigt sich z. B. beim gemeinsamen und verträglichen Aushandeln von wichtigen Prinzipien des Zusammenlebens (z. B. der Schulregeln) sowie bei der Ausgestaltung von pädagogischen Leitlinien und Konzepten (z. B. Schulprofil). Zum anderen entsteht ein gutes Schulklima auch nur in einem von Wertschätzung und gegenseitigen Respekt gekennzeichneten Miteinander.

Vermutlich gibt es auch an der Schule Ihres Kindes so etwas wie ein *eigenes Schulprofil,* das sich durch eine spezifische pädagogische Ausrichtung auszeichnet und seinen Niederschlag in einem Schulprogramm findet. Solch ein Profil entsteht meist aus einem innerschulischen Dialog, an dem vor allem die Lehrkräfte – und leider nur selten die Eltern und Schüler – ernsthaft beteiligt sind. Die Überlegungen orientieren sich durchweg an übergeordneten Leitbildern von Bildung und Erziehung; hier und da auch an den besonderen Verdiensten der Namensgeber der jeweiligen Schule, wie z. B. an den Geschwistern Scholl, an Heinrich Böll oder Hildegard von Bingen.

Schaffen es die am Schulleben beteiligten Personen, ein solches Schulprogramm dauerhaft lebendig zu halten, ist damit meist ein wichtiger Schritt auf dem Weg zu einer guten Schule getan. Erkennen können Schüler und Eltern das vor allem daran, wie sich die Schule nicht nur an den Feiertagen und besonderen Anlässen präsentiert, sondern vor allem daran, ob man sich im Alltag die Mühe macht, die Leitideen des Schulprofils konkret in die Tat umzusetzen.

Das Schulprofil beeinflusst in gewisser Weise sicher auch das Lehren und Lernen. Allerdings muss dies noch nicht zwangsläufig zu einem guten *Schul- und Lernklima* führen. Das wiederum hängt nämlich von zahlreichen anderen Größen ab, wie die folgende Liste verdeutlicht. Sie können diese Merkmalsliste übrigens auch einmal an das Schulklima »Ihrer« Schule anlegen. Welche Note würden Sie dem Schulklima geben?

Übersicht 13: Merkmale für ein gutes Schul- und Lernklima

Merkmale	*gelingt*	*geht so*	*miss-lingt*
Die Schulleitung ist offen für Anregungen und auch Kritik; Vorschläge werden geprüft und ggf. auch umgesetzt.			
Das gesamte Personal (Hausmeister, Sekretärinnen und Lehrkräfte) bemüht sich, freundlich und respektvoll miteinander umzugehen und ist sich seiner Dienstleistungsaufgaben bewusst.			
Die Schülerinnen und Schüler werden ernst genommen, man begegnet ihnen achtsam und respektvoll, man bemüht sich um individuelle Förderung.			
Die Lehrkräfte sind gesprächs- und kritikbereit, sie tolerieren auch andere Meinungen.			
Die meisten Lehrkräfte zeigen Einsatz für die Schule, ihre Schülerinnen und Schüler und geben sich bei ihren Aufgaben die entsprechende Mühe.			

Merkmale	gelingt	geht so	miss-lingt
Die Schule kommuniziert und informiert adressaten- und zeitgerecht, etwa auch bei Stundenausfall, Vertretungen usw.			
Den Eltern und Schülern werden adäquate Beteiligungs- und Mitsprachemöglichkeiten angeboten; es existiert eine profunde Elternarbeit.			
Schulfeste, Sonderveranstaltungen und Klassenfahrten stehen in einem ausgewogenen Verhältnis zum pädagogischen Gesamtauftrag und zum Alltagsgeschäft.			

Und – wie ist der Test ausgefallen? Sind Sie zufrieden mit »Ihrer« Schule? Wenn ja, dann freuen Sie sich, lassen Sie es auch die Schule hin und wieder wissen und achten darauf, dass es so bleibt. Wenn nein, dann haben Sie und Ihr Kind ein Problem. Was Sie in solchen Fällen tun können, wird u. a. in Teil 3 ab Seite 129 ff. beschrieben.

Was macht guten Unterricht aus?

Wenn alles schläft und einer spricht –
sowas nennt man Unterricht.

Eine gute Schule zeichnet sich vor allem durch guten Unterricht aus. Denn dieser ist Dreh- und Angelpunkt der täglichen Bildungs- und Erziehungsarbeit sowie der individuellen Förderung von Schülern. Hier entscheidet sich, ob Ihr Kind etwas lernt, beim Lernen mitkommt, in der Gemeinschaft aufgehoben ist und letztlich auch die jeweiligen Ziele und Abschlüsse erreicht.

Guter Unterricht gelingt nur, wenn Schüler und Lehrer sich jeden Tag aufs Neue dafür engagieren, den Unterricht gemeinsam zu gestalten, wenn sie aufeinander zugehen und für ein möglichst ungestörtes und ergiebiges Lernen sorgen. Eine Aufgabe, die immer wieder neu angegangen werden muss. Sie als Leserin oder Leser wissen aus Ihrer eigenen Schulzeit vermutlich noch genau, wie sehr es dabei auf eine gute Klassengemeinschaft und kompetente Lehrerinnen und Lehrer ankommt. Wenn Sie also einmal einen kurzen Moment zurückdenken, ergeben sich vermutlich unabhängig vom Fach ganz bestimmte Gütekriterien. Wahrscheinlich werden Sie dann auf mehrere der nachfolgend aufgeführten Merkmale stoßen:

Übersicht 14: Merkmale guten Unterrichts – nicht nur aus der Sicht von Schülern und Eltern

* Der Unterricht ist von seinen Themen und Inhalten her interessant; die Lehrkraft kann darüber hinaus auch für die Sache begeistern.
* Die Aufgabenstellungen sind nachvollziehbar, herausfordernd, aber in der Regel auch leistbar.
* Im Unterricht geht es geordnet zu, er hat eine klare Struktur, die Lehrkraft kann führen und Konflikte gut bewältigen.
* Im Unterricht wird man auch persönlich angesprochen und ermutigt; man geht wertschätzend miteinander um; das Zusammenarbeiten der Schülerinnen und Schüler wird gefördert, das Lernklima ist überwiegend positiv.
* Man versteht zumeist das, was die Lehrkraft erklärt; Verständnisschwierigkeiten werden nach Möglichkeit geklärt und behoben.

Selbstverständlich hat guter Unterricht viele Gesichter. Und selbstverständlich sollte jeder Lehrer, jede Lehrerin im Unterricht authentisch bleiben, seinen oder ihren eigenen Stil finden. Allerdings dürfen persönliche Vorlieben und eigene pädagogisch-didaktische Mittel nicht im Widerspruch zu den oben aufgelisteten Ansprüchen an guten Unterricht stehen. Die Unterrichtswirklichkeit und auch die PISA- und TIMSS-Ergebnisse zeigen aber leider, dass es oftmals mit der Unterrichtsqualität nicht zum Besten bestellt ist. Gespräche mit Schülern und Eltern bestätigen diesen Eindruck. Eine kleine Umfrage im Bekanntenkreis hat Folgendes ergeben:

Übersicht 15: Aussagen von Schülern und Eltern zur erlebten Unterrichtsqualität

* »Es gibt hier und da auch sehr guten Unterricht; das hängt eben vom einzelnen Lehrer ab.«
* »Manche Lehrer nehmen nur ihren Stoff durch, das ist alles. Die Schüler und ihr Lernen spielen eigentlich kaum eine Rolle. Wenn sie den Stoff nicht verstehen, sind sie es selbst schuld.«

- »Manche Lehrer geben sich gar keine Mühe. Da gibt es Texte, Unterlagen und Aufgaben, die man selbst schon als Schüler hat bearbeiten müssen. Oder sie hangeln sich mit privaten Geschichten und Erzählungen so durch den Unterricht.«
- »Bei manchen Lehrern geht es drunter und drüber, die haben ihre Klasse gar nicht im Griff. Da tun mir sogar die Lehrer richtig leid.«
- »Manche Lehrer sind im Unterricht zynisch oder machen sich sogar über die Kinder lustig. Da kommt dann schon Wut auf.«
- »Vielfach fällt Unterricht aus. Wenn es überhaupt Vertretung gibt, dann lernt man kaum etwas.«
- »Manchmal bekommen die Kinder ihre Klassenarbeiten erst nach Wochen zurück. Eine vernünftige Lernberatung findet eigentlich nie statt.«

Die obige Liste ließe sich problemlos erweitern. Sie erfasst vermutlich auch nur bedingt die spezifischen Sorgen und Nöte, die Sie mit den Lehrern an der Schule Ihres Kindes haben. Doch eine Betrachtung der Missstände und ein Wehklagen darüber helfen in der Sache nur bedingt weiter. Ansätze zur Lösung der Probleme finden Sie in Teil 3 ab Seite 129.

Tipps

- Machen Sie sich in Sachen Bildung und Schule ein klein wenig *zum Experten, zur Expertin.* Heben Sie lesenswerte Artikel in Zeitschriften und Zeitungen auf, die sich mit den Themen Bildung, Erziehung, Unterricht und Lernen beschäftigen. Je nach Alter Ihres Kindes können Sie eventuell auch in der Familie darüber diskutieren. Manchmal ergeben sich daraus interessante Denkanstöße oder auch Impulse, Veränderungen in Angriff zu nehmen.
- Nutzen Sie bei bestimmten Fragen, z. B. auch bei kniffligen schulrechtlichen Problemen, die *Möglichkeiten des Internets.* Dort finden Sie zu fast allen Aspekten wertvolle Hinweise oder auch weiterführende Adressen. Eine sehr wichtige Informationsquelle ist das *Schulgesetz* Ihres Bundeslandes, das Sie auf der Homepage des Landes-Schulministeriums finden.
- Lesen Sie das *Schulprogramm* Ihrer Schule und verfolgen Sie einmal die schulischen Aktivitäten mit den dort niedergeschriebenen Aspekten. Eventuell entdecken Sie ja für sich selbst Möglichkeiten, sich mit ihren *Ideen und Fähigkeiten* einzubringen. Für etwas »trägere« Schulen können solche persönlichen Impulse durchaus ein Signal sein, sich zu bewegen und aktiv zu werden.

- Nutzen Sie auch die Ihnen offen stehenden *Partizipationsmöglichkeiten* der Schule sowohl in formeller Hinsicht (Klassenpflegschaft, Schulpflegschaft, Teilnahme an Fachkonferenzen) als auch im informellen Bereich (z. B. bei Projekten oder Angeboten zur Elternzusammenarbeit; vergleichen Sie hierzu den Abschnitt zur Elternarbeit auf Seite 158ff.).
- Nutzen Sie Ihre Rechte, aber vernachlässigen Sie auf keinen Fall Ihre elterlichen Pflichten. Machen Sie sich immer wieder klar, dass Sie zumindest bei minderjährigen Kindern eine große Verantwortung dafür tragen, dass Ihr Kind gut vorbereitet in die Schule kommt. Achten Sie vor allem darauf, dass Ihr Kind seine *Hausaufgaben* und andere schulische Aufträge rechtzeitig und *sorgfältig* erledigt. In welcher Form und wie intensiv Sie Ihr Kind unterstützen und kontrollieren, sollte bewusst entschieden und dosiert werden. Viele Eltern neigen inzwischen dazu, ihre Kinder ständig zu überwachen, zu behüten und bei allen Aufgaben intensiv zu unterstützen (sogenannte »Helikopter-Eltern«). Das schafft Abhängigkeiten und verhindert letztlich, dass Kinder lernen, selbst Verantwortung zu übernehmen. Insofern ist es auch *nicht hilfreich,* die *Hausaufgaben gemeinsam mit dem Kind* zu machen. Vielmehr sollten Sie es dazu anhalten, diese selbstständig zu erledigen. Dies schließt nicht aus, dass Sie punktuell eingreifen oder vorübergehend auch einmal länger dabei sind.
- Achten Sie darauf, dass Ihr Kind *ausgeschlafen*, vernünftig ernährt und angemessen gekleidet zur Schule geht. Es muss auch das nötige Unterrichtsmaterial oder auch seine Sportbekleidung bereithalten.
- Sprechen Sie hin und wieder mit Ihrem Kind über die schulischen Rechte und Pflichten und machen Sie ihm deutlich, dass es selbst das *ABC des Lernens* beherzigen muss (Lernen wollen, konzentriert mitarbeiten, ausreichend üben). Aber auch, dass es im Unterricht rechtzeitig Fragen stellen soll, z. B. wenn etwas unklar ist.
- Wirken Sie darauf hin, *dass sich Ihr Kind in der Schule angemessen verhält* – Mitschülern gegenüber ebenso wie Lehrerinnen und Lehrern gegenüber. Selbst die »schlechtesten« und »unfähigsten« Lehrer haben ein Recht darauf, anständig behandelt zu werden. Das heißt nicht, dass sich Ihr Kind nun alles gefallen lassen muss. Inakzeptables Verhalten ist weder von Mitschülern noch von Lehrern tolerierbar. Wie Sie und Ihr Kind sich am besten

verhalten, wenn Schule, Lehrer oder Mitschüler Grenzen überschreiten, erfahren Sie in Teil 3 ab Seite 79.

- Schützen Sie Ihr Kind vor *unangemessenen Strafen* und nicht zu rechtfertigenden Erziehungsmaßnahmen. Beispielsweise sind sinnlose Zusatzaufgaben oder völlig unangemessene Strafarbeiten pädagogisch und auch gesetzlich nicht zu rechtfertigen. Informieren Sie sich darüber, welche Erziehungs- und Ordnungsmaßnahmen in Ihrem Bundesland gesetzlich gedeckt und welche inakzeptabel sind. Die Schulgesetze geben hierzu Auskunft. Überprüfen Sie die Berechtigung und Verhältnismäßigkeit von Erziehungs- und Ordnungsmaßnahmen der Lehrerin, des Lehrers, auch zusammen mit Ihrem Kind. Zumindest bei schwerwiegenderen Ordnungsmaßnahmen haben Sie als Eltern ein Recht auf Anhörung. Im Übrigen können solche Ordnungsmaßnahmen (z. B. die Versetzung in eine andere Klasse) von einzelnen Lehrern alleine nicht getroffen werden. Dazu braucht es je nach Sachlage einen Beschluss von der Klassen-, Jahrgangsstufen-, Lehrer- oder Schulkonferenz.
- Die gleichzeitige Bestrafung mehrerer Schüler *(Kollektivstrafe)* ist im Regelfall nur dann zulässig, wenn das Fehlverhalten jeder oder jedem Einzelnen zuzurechnen ist. Wenn also beispielsweise Ihr Kind an einer Unterrichtsstörung nicht beteiligt war, kann es auch nicht zu einer gemeinsamen Strafarbeit herangezogen werden. Lehrkräfte verstoßen erfahrungsgemäß sehr häufig gegen diesen Grundsatz. In der Regel ist eine Kollektivmaßnahme Ausdruck der Verzweiflung und Ohnmacht eines Lehrers oder einer Lehrerin. Oft fehlt es ihm oder ihr auch an Phantasie und Gestaltungskraft im Umgang mit Unterrichtsstörungen und Disziplinproblemen. Sie als Eltern sollten bei wiederkehrenden Kollektivstrafen das Gespräch mit der entsprechenden Lehrkraft suchen.

4. Lehrerinnen und Lehrer

*»Engagiert, kompetent und menschlich – so wün-
schen wir uns alle den idealen Lehrer. Doch wie
sieht die Wirklichkeit aus?«*

Was Lehrerinnen und Lehrer tun, ist Ihnen als Eltern aus der eigenen
Erinnerung zunächst einmal sehr vertraut. Schließlich haben Sie im
Laufe Ihrer Schulzeit zahlreiche Lehrerinnen und Lehrer unmittelbar bei
ihrer Tätigkeit erlebt. Sie selbst waren als Schüler zugleich immer auch
Teil des Geschehens, mal als unmittelbar Betroffene, mal als Betrachter
am Rande; z. B. wenn ein Mitschüler diszipliniert wurde. Die Erlebnisse
und Erfahrungen Ihrer Schulzeit haben sich zu einem Bild verdichtet,
das im Laufe der Zeit durch Erzählungen und Berichte Dritter oder auch
durch eigene Erfahrungen als Mutter oder Vater eines schulpflichtigen
Kindes angereichert wurde. Mit Fug und Recht lässt sich daher behaupten, dass es wohl keine andere Tätigkeit gibt (außer der einer Mutter oder
eines Vaters), in die man so viel Einblick hat wie die des Lehrerberufes.
Insofern können die allermeisten Erwachsenen auch einschätzen, welche
Herkulesaufgabe Lehrerinnen und Lehrer jeden Tag aufs Neue zu stemmen haben. Dies führt jedoch offensichtlich nicht zu der entsprechenden
Wertschätzung des Berufes. Gerade in den beiden letzten Jahrzehnten
hat der Status der Lehrerinnen und Lehrer in der Öffentlichkeit stark
gelitten. Neben den undifferenziert geführten Debatten über die »faulen
Lehrer« spielt dabei sicher auch »unbewusst« ein gewisser Neid eine
Rolle, z. B. auf die vielen Ferien oder den Beamtenstatus mit seinen ver-
muteten Privilegien.

Ich möchte im Folgenden das Bild von Lehrerinnen und Lehrern beschreiben, das ich aus meiner langjährigen Tätigkeit in der Aus- und
Fortbildung von Lehrern gewonnen habe. Vielleicht möchten Sie Ihr eigenes Lehrerbild mit meinen Erfahrungen abgleichen? Ich erhoffe mir
zudem, dass die folgenden Betrachtungen darüber hinaus erste Hinweise
liefern, wie man zu Verbesserungen und Veränderungen im System kommen kann und welche Einflussmöglichkeiten Sie als Eltern und möglicherweise auch Ihr Kind als Schülerin oder Schüler haben.

Wer wird Lehrer?

Die Motive und Anstöße, Lehrerin oder Lehrer zu werden, können vielfältig sein. Mal sind es echte Berufungen (»Ich wollte schon immer Lehrer werden und mit Kindern arbeiten«), mal sind es die biographischen Erfahrungen mit dem Beruf (viele Kinder von Lehrern werden ebenfalls Lehrer) und ein anderes Mal sind es eher Zufälle, die darüber entscheiden, dass man diesen Beruf ergreift (z. B. Anregungen durch den Freundeskreis). In vielen Fällen spielen sicher auch die Vorteile des Lehrerberufes eine wichtige Rolle. Immerhin bietet der Beruf eine hohe Beschäftigungs- und Einkommenssicherheit (z. B. durch den Beamtenstatus, Beschäftigung im öffentlichen Dienst) sowie gute Chancen, Beruf und Familie miteinander zu verbinden. Auch wenn dies bei der Berufswahl von jungen Frauen sicher eine noch größere Rolle als bei den Männern spielt, kann man sagen, dass die Sicherheit im Beruf gewiss ein wesentliches Motiv für die Berufswahl darstellt. Insgesamt lassen einige Studien[12] zur Berufswahl und zur Situation von Lehrerinnen und Lehrern folgende Schlüsse zu: Etwa zwei Drittel aller Studierenden für ein Lehramt sind sich vor Aufnahme des Studiums nicht sicher, ob sie sich für den Lehrerberuf eignen. Ein großer Anteil wählt den Studiengang aus überwiegend pragmatischen Gründen. Für etwa 25 Prozent aller Studienanfänger ist die Ausrichtung auf den Lehrerberuf nur eine »Notlösung«. Häufig tauchen in den Befragungsergebnissen auch Motive auf wie »geringe Anforderungen im Studium«, »wenig Zeitaufwand«, »mehr Zeit für andere Interessen« usw. Etwas überspitzt kann man also sagen, dass neben den Berufenen oft auch Pragmatiker oder Hedonisten in den Lehrerberuf drängen. Ein nicht so erfreulicher Befund. Vor allem, wenn man bedenkt, dass nur wenige während des Studiums oder Referendariats ihre Eignung selbstkritisch überprüfen oder gar vom Berufswunsch Abstand nehmen, sondern dann später in einer quasi unkündbaren Situation im Schuldienst verharren. Und so überrascht es auch nicht, dass die bereits im Studium »überforderten« und wenig engagierten Lehramtsanwärter schon nach wenigen Jahren im Lehrerberuf ausgebrannt sind. Wobei vermutlich viele der Lehrerinnen und Lehrer, die sich ausgebrannt fühlen oder permanent über Belastungen klagen, nie wirklich »gebrannt« haben.

Unter dem sogenannten Burnout leiden aber auch Lehrkräfte, die hohe Ansprüche an sich selbst haben und sich stark engagieren. Diese Lehrerinnen und Lehrer tun sich schwer damit, die für die eigene Gesunderhaltung notwendigen Ressourcen zu aktivieren. Sie kommen nicht zur Ruhe, haben nicht genügend professionellen Abstand, um mit den Belastungen des Alltags konstruktiv umgehen zu können. In vielen Fällen mangelt es sicher auch an der Bereitschaft, sich fortzubilden oder die nötige Unterstützung, z. B. bei Kolleginnen und Kollegen, zu holen. Ein echtes Teamwork ist in den Schulen trotz vieler Veränderungen noch nicht durchgängig anzutreffen. So verlassen zahlreiche Lehrer die Schule unmittelbar nach Ende ihres Unterrichts und tragen dann ihre zum Teil unverarbeiteten Erlebnisse mit nach Hause, wo wiederum Belastungen und möglicherweise Konflikte anderer Art auf sie warten. Die wenig engagierten Lehrer unter ihnen machen es sich zu Hause gemütlich, ruhen sich auf ihren entwickelten Strategien zur Belastungsminimierung aus, tun nur das Nötigste für die Schule und handeln ansonsten eher freizeitorientiert.

Eher nachdenkliche und engagierte Lehrerinnen und Lehrer leiden jedoch unter der Doppelbelastung von Familie und Beruf, unter der permanenten Vermischung beider Bereiche und darunter, dass sie nie richtig zur Ruhe kommen. Daraus kann sich auf die Dauer eine echte Überforderung ergeben, vor allem, wenn man sich einmal vor Augen hält, was von einer Lehrkraft heutzutage erwartet wird.

Die tägliche Überforderung

Um Bekannten zu beschreiben, was Lehrerinnen und Lehrer zu leisten haben, wähle ich oft folgendes Bild:

»Stellt euch vor, ihr müsstet jeden Tag mit 20 und mehr Kindern Kindergeburtstag in einem wenig geeigneten Raum (z. B. Größe, Ausstattung, Belüftung) feiern. Und alle Kinder sind auf ihre Weise unterschiedlich erzogen. Mindestens drei bis vier der jungen Geburtstagsgäste können getrost auch als verhaltensauffällig bezeichnet werden. Aber diese Geburtstagsfeier ist an drei Bedingungen geknüpft: (1.) Alle sollen etwas Sinnvolles lernen. (2.) Alle sollen zumindest zur Selbstständigkeit erzogen werden. (3.) Es soll allen an Leib und Seele gut gehen.«

Ich meine, dass die Dimension des Lehrerberufs und die damit einhergehenden Herausforderungen an diesem Bild gut sichtbar werden. Schaut man sich den Beruf einmal genauer an, stößt man auf folgende zentrale Aufgaben: Unterrichten, Erziehen, Diagnostizieren und Beraten, Bewerten, Organisieren und Erneuern. Oft fallen mehrere dieser Aufgaben im unmittelbaren Handeln zusammen, was die Sache noch schwieriger macht. Eine Lehrkraft, die gleichzeitig erziehen, disziplinieren, diagnostizieren, fördern, unterrichten oder gar lehren soll, ist quasi von Natur aus überfordert. Das lässt sich auch mit den Erkenntnissen der Hirnforschung belegen, die besagen, dass es vor allem Parallelanforderungen sind, die uns Menschen immer wieder überfordern. Unser Gehirn möchte die Dinge eben am liebsten nacheinander tun.

Lehrerinnen und Lehrer müssen im Laufe einer Unterrichtsstunde in Bruchteilen von Sekunden zahlreiche Entscheidungen treffen (z. B. beim Aufrufen und Drannehmen, beim Umgang mit Schüleräußerungen, bei auftretenden Konflikten). »Die« eindeutige und richtige Lösung gibt es in den Entscheidungssituationen eines Lehrers, einer Lehrerin häufig nicht. Auch daraus ergibt sich, dass es fast zwangsläufig zu Überforderungssituationen kommt. Das wäre an sich noch nicht so tragisch, denn Lehrer schützen sich »instinktiv«, indem sie auf bestimmte Situationen »ritualisiert« bzw. »automatisiert« reagieren. Diese an sich sinnvolle Entlastung ist allerdings nur dann hilfreich, wenn die Reaktionen der Lehrerin stimmig und zielführend sind. Denn ansonsten verursachen Spontanreaktionen weitere Störungen und Belastungen, die zusammengenommen den Unterricht sowohl für die Schüler als auch die Lehrkraft zur Qual machen können. Überhaupt sind Unterrichtsstörungen und Disziplinprobleme eine zentrale Belastung für Lehrerinnen und Lehrer. Dabei werden die folgenden Störungen als besonders schwierig empfunden:

Übersicht 16: Damit müssen Lehrerinnen und Lehrer täglich umgehen

Schülerinnen und Schüler ...
• sind nicht aufmerksam,
• sind nicht oder kaum bereit, etwas zu lernen und zu leisten,
• sind nicht oder kaum zur Kooperation bereit,
• sind zu wenig in der Lage, selbstständig zu lernen,
• halten sich nicht an geltende Regeln,
• stehen dem Unterricht gleichgültig gegenüber,
• verhalten sich unsozial,
• stören den Unterricht,
• sind aggressiv.

Es gibt Befunde, dass manche Lehrkräfte in als berüchtigt geltenden Klassen erkennbar weniger Probleme haben als ihre Kolleginnen und Kollegen. Diese Lehrerinnen und Lehrer verfügen meist über gute fachliche und didaktisch-methodische Fähigkeiten. Sie nutzen darüber hinaus ihre ausgeprägte Fähigkeit, den Unterricht zu steuern und andere zu führen. Eine zentrale Grundlage dieser Kompetenzen ist sicher eine stabile und gut ausbalancierte Persönlichkeit. Diese wirkt sich auf das Lehren und Lernen sowie den Umgang mit anderen Menschen so unmittelbar aus wie in kaum einem zweiten Beruf. Insofern kommt es eben auch auf bestimmte Persönlichkeitseigenschaften an – etwa Freundlichkeit, Humor, Gelassenheit, Offenheit, Gerechtigkeitssinn und Belastbarkeit. Und weil Lehren und Lernen immer auch auf eine gelingende Interaktion und Kommunikation angewiesen sind, muss ein Lehrer oder eine Lehrerin auch hier über entsprechende Kompetenzen verfügen.

Wundern Sie sich also nicht, wenn Lehrerinnen und Lehrer immer wieder davon berichten, wie »erschöpft« sie sind – und dies trotz der üppig bemessenen Ferien (besser: unterrichtsfreie Zeit). Diese übrigens bringen den Lehrerinnen und Lehrern im Hinblick auf die notwendigen Entlastungen im Alltag wenig. Zwar erholen sich die allermeisten in den Ferien ganz gut. Diese Erholung hält aber nach Wiederbeginn des Unterrichts meist nur wenige Tage an. Der einfache Grund: Man kann nicht auf Vorrat psychische, soziale und kommunikative Depots anlegen, die man dann an entsprechender Stelle beliebig anzapft. Vielmehr muss es den Lehrerinnen und Lehrern gelingen, nicht nur in den Ferien, sondern im Alltag selbst dafür zu sorgen, dass Belastungen nicht überhand nehmen und die Energiereserven nicht vor der Zeit aufgebraucht werden. Nur so lassen sich die anstehenden Aufgaben auf Dauer erfolgreich bewältigen. In Balance zu bleiben gelingt aber erkennbar nur einem Teil der Lehrerschaft. Ein nicht zu unterschätzender Anteil bleibt stark belastet und »rettet« sich von Ferien zu Ferien. Immer wieder scheiden daher Lehrerinnen und Lehrer aus gesundheitlichen Gründen vor Erreichen der regulären Altersgrenze aus dem Beruf aus.

Tipps

- Es ist wichtig, dass die *engagierten* und *fähigen Lehrerinnen und Lehrer* auch von der Gesellschaft die *nötige Anerkennung* bekommen. Insofern verbietet es sich beispielsweise, alle Lehrer undifferenziert über einen Kamm zu scheren. Wenn Sie sich das nächste Mal über eine unfähige oder faule Lehrerin ärgern, versuchen Sie also im Hinterkopf zu behalten, dass es auch viele hochmotivierte und kompetente Lehrerinnen und Lehrer gibt. Machen Sie eine solche differenziertere Sicht bei Gelegenheit durchaus auch öffentlich, etwa durch Leserbriefe in Zeitungen, bei Gesprächen im Freundes- und Bekanntenkreis sowie im unmittelbaren Kontakt zu den Lehrern. Gerade für Letzeres gilt: Kleine Gesten »kosten« nicht viel, entfalten aber oft eine große Wirkung. Vielleicht können Sie ja einmal denjenigen Lehrerinnen und Lehrern ein kleines Dankeschön sagen, die mit Ihrem Kind auf Klassenfahrt waren oder den Schüleraustausch organisiert haben. Schließlich ist ein solches Engagement nicht so selbstverständlich, wie es oftmals scheint. Aber auch der überaus motivierend arbeitenden Musiklehrerin oder dem um Aktualität und Schülerorientierung bemühten Geschichtslehrer tun hier und da persönlich anerkennende Worte sehr gut. Lehrer werden durch positives Feedback ihrerseits motiviert, was im System Schule nicht ohne Spuren bleibt.

- Immer dann, wenn Ihr Kind wieder einmal über die *unfähigen oder ungerechten Lehrer* klagt, auf sie schimpft oder sie gar verspottet, geraten Sie als Mutter oder Vater in einen gewissen Konflikt. Einerseits fühlen Sie mit Ihrem Kind, sind vielleicht selbst verärgert, enttäuscht oder gar wütend; andererseits waren Sie bei dem fraglichen Konflikt nicht dabei und können auch nicht ermessen, welche Anteile vielleicht die Mitschülerinnen und Mitschüler oder gar Ihr eigenes Kind hatten. Darüber hinaus haben Sie vermutlich kein Interesse daran, die aus Sicht Ihres Kindes ohnehin schon wankende Autorität der betreffenden Lehrer noch mehr zu destabilisieren. Während zu meiner eigenen Schulzeit die Eltern fast immer auf der Seite der Lehrer standen (»Dann habt ihr es auch nicht anders verdient«; »Da müsst ihr euch einfach zusammenreißen«; »Bei uns war das in der Schule schließlich auch nicht anders«), schlagen sich heute die Eltern oftmals vorschnell auf die Seite ihres Kindes und »blasen ins gleiche Horn«. Hilfreich sind aber in erster Linie eine differenzierte Betrachtung der Situation und zunächst einmal das kluge Nachfragen beim Kind.

Übersicht 17: Fragen, die Sie Ihrem Kind stellen können

- Was ist genau passiert?
- Wie ist es dazu gekommen?
- Wer war beteiligt?
- Was hast du selbst dazu beigetragen?
- Was hat der Lehrer aus deiner Sicht falsch gemacht?
- Warum hat er das eventuell so gemacht?
- Was hättet ihr Schüler selbst tun können, damit es nicht dazu gekommen wäre?

So oder ähnlich können Fragen lauten, die einer ersten Annäherung an das Problem dienen und eine vorschnelle Bewertung verhindern. Stellt sich die Sachlage danach immer noch als vertrackt dar, handelt es sich darüber hinaus um ein wiederkehrendes Phänomen, dann kommt man mit solchen Befragungen der Kinder nicht weiter. Hier gilt es, strategisch und kommunikativ geschickt vorzugehen. Dazu mehr im nächsten Teil des Buches.

- Wenn Sie in Sachen Schule und Unterricht außerhalb des Elternsprechtages *Gespräche mit Lehrerinnen und Lehrern* suchen, dann bemühen Sie sich um eine verträgliche Termin- und Zeitvereinbarung. Am besten, Sie machen der Lehrkraft ein paar Terminvorschläge.

Teil 3
Konflikte bewältigen –
die Schulzeit gut bestehen

»Besser miteinander als übereinander reden.«

»Probleme sollte man rechtzeitig ansprechen, bevor daraus ernsthafte Konflikte werden.«

Eine Lernschwäche in Mathematik oder Deutsch stellt für Ihr Kind, aber auch für Sie als Eltern und natürlich auch für die jeweilige Lehrkraft ein *Problem* dar. Ähnliches gilt beispielsweise für einen überhöhten Medienkonsum von Kindern und Jugendlichen. Zu *Konflikten* werden solche Probleme allerdings erst dann, wenn man sich bei ihrer Bewältigung uneins ist und sich nach und nach immer mehr negative Gefühle einstellen. Die Sache schaukelt sich hoch. Ärger, Frustration, auch Wut und Ohnmachtsgefühle verursachen schließlich Druck, der sich irgendwie entladen muss. Unüberlegte Handlungen können die Folge sein.

Allerdings ist Konflikt nicht gleich Konflikt. Jede Auseinandersetzung, sei es innerhalb der Familie oder mit Lehrern, trägt eine eigene Handschrift. Ursachen, Wirkungen und mögliche Folgen sind individuell verschieden, auch wenn die Ausgangssituation ähnlich sein mag. Probleme und Schwierigkeiten werden darüber hinaus von den beteiligten Personen immer individuell unterschiedlich erlebt und gedeutet. So mag für Anna eine Frotzelei durch Mitschüler schon hart an der Grenze zum Mobbing sein, während Lisa so etwas gar nicht anficht. Und auch bei der Beurteilung der Probleme mit Lehrern trifft man immer wieder auf unterschiedliche Einschätzungen. Beispielsweise findet Familie A den Mathematiklehrer Berger für ihr Kind ganz toll, während sich Familie B fortwährend über Herrn Berger ärgert und sich das Ganze schließlich zum Konflikt ausweitet. Solche unterschiedlichen Wahrnehmungen und Einschätzungen sind es schließlich auch, die hier und da ein solidarisches Verhalten der Eltern in Sache Schule und Lehrerschaft schwierig bis unmöglich machen.

Weil sich also jede Konfliktsituation anders darstellt, ist es auch nicht möglich, in diesem Buch die für *Ihren* Konflikt genau passende Lösung anzubieten. Dennoch kann das Folgende für Sie nützlich sein, weil Sie mit den strategischen und kommunikativen Tipps eine Art Handwerkszeug bekommen, das Sie für Ihren Umgang mit Konfliktsituationen nutzen können. Darüber hinaus finden Sie Lösungsvorschläge für typische Konfliktbeispiele, die Sie so oder in ähnlicher Weise auch bei Ihren eigenen Problemen aufgreifen können.

5. Allgemeine Konfliktstrategien

Konflikte möglichst vermeiden

Konflikte und Auseinandersetzungen lassen sich in Beziehungen niemals ganz vermeiden. Dort, wo Menschen miteinander agieren und kommunizieren, treten stets auch Fehler, Missverständnisse und Enttäuschungen auf. Und in steter Harmonie wäre unser Leben vermutlich auch etwas langweilig.

Ursache von Konflikten sind meist unterschiedliche gegenseitige Erwartungen, die nicht erfüllt werden und dann zu Unzufriedenheit führen. Auch gegensätzliche Wahrnehmungen und Auslegungen von erlebten Situationen spielen eine große Rolle, ebenso wie eine fehlgeschlagene Kommunikation. Im Umkehrschluss bedeutet das, dass man genau bei diesen Punkten ansetzen sollte, um Konflikte möglichst zu vermeiden. Wer beispielsweise seine eigenen Erwartungen an das Gegenüber ab und an überprüft, auch nicht zu viel oder gar Unmögliches vom anderen erwartet, der wird auch seltener enttäuscht, hat demzufolge auch weniger Konflikte. Das heißt nun nicht, dass man an das Gegenüber keinerlei Erwartungen stellen, sondern nur, dass man diese realistisch ausrichten sollte. Und dies gilt für die Erwartungen an das eigene Kind ebenso wie für den Anspruch, den man an die Lehrkräfte richtet.

Wenn die Alltagskommunikation misslingt, redet man aneinander vorbei, hört nicht richtig zu oder macht dem anderen Vorwürfe. Ein Problem wird so nicht gelöst, sondern verschärft sich eventuell noch. Dann lohnt es sich, die Kommunikation bewusst zu verändern. Vor allem bei persönlichen Gesprächen mit dem Kind, dem Partner, der Partnerin oder den Lehrerinnen und Lehrern sollte man sich um einen positiven Gesprächsverlauf bemühen und dabei folgende Regeln berücksichtigen:

* Bemühe dich um einen respektvollen Umgang und vermeide persönliche Angriffe.
* Grabe keine alten Dinge aus.
* Bemühe dich, den anderen zu verstehen und höre ihm oder ihr ernsthaft zu.
* Mache dem anderen rechtzeitig deutlich, wie es dir geht, was dich freut, aber auch, was dich ärgert und stört.
* Mache die eigenen Wünsche und Absichten verständlich, bringe sie auf den Punkt.
* Suche gemeinsam mit dem anderen nach versöhnlichen Lösungen und blicke dabei nach vorne.

Tipps

* Wenn Sie in der Küche ein kleines Merkblatt, z. B. mit den oben aufgeführten *Gesprächsregeln*, aufhängen und dann diejenigen unterstreichen, die Sie unter Stress am ehesten vernachlässigen, kann das eine gute Erinnerungshilfe sein.
* Bei einer größeren Familie bietet sich das Aufstellen eines *Mecker- und Lobkastens* an. In den können alle Familienmitglieder jederzeit einen Zettel einwerfen, auf dem man Sorgen und Wünsche notieren, aber auch ein positives Feedback zum Ausdruck bringen kann (»Laura, du hast diese Woche dein Zimmer richtig gut aufgeräumt, das fand ich toll!«). Einmal in der Woche darf ein Familienmitglied diesen Kasten leeren und – sofern es schon das Alter bzw. die Reife dazu hat – das Familiengespräch z. B. bei einer gemeinsamen Mahlzeit leiten. Verboten sind: Vorwürfe und Anschuldigungen.

Beginnende Konflikte rechtzeitig wahrnehmen und ansprechen

Konflikte haben eine Geschichte. Sie kommen nicht einfach aus dem Nichts, sondern entwickeln sich stufenförmig. Am Anfang war da vielleicht ein kleines Problem, ein Missverständnis, dann folgten erste Streitigkeiten, aus denen sich nach und nach ein handfester Konflikt entwickelt hat. Wird eine solche Entwicklung nicht rechtzeitig wahrgenommen und gestoppt, so kommt es schließlich zu Verhärtungen, Provokationen, Drohungen usw.[13] Entsprechend schwieriger ist es, eine versöhnende Lösung zu finden. Es kommt also darauf an, solche Entwicklungen rechtzeitig wahrzunehmen und zu stoppen. In der folgenden Liste finden Sie die typischen Symptome, die darauf hinweisen, dass etwas nicht stimmt.

Übersicht 19: Typische Symptome beginnender Konflikte

- Immer wiederkehrende, gleiche oder ähnliche Problemlage,
- Spürbares Desinteresse (Abschalten, »Dienst nach Vorschrift«),
- Flucht und Ausweichverhalten (Sich-Zurückziehen aufs Zimmer, Vermeidung von Kontakt),
- Überangepasstes Verhalten (Unterwürfigkeit, falsche Freundlichkeit).

Sicherlich spüren die meisten Menschen solche Entwicklungen frühzeitig. Oft fehlt es aber an Zeit und Muße, um beizeiten etwas dagegen zu unternehmen. Und nicht immer hat man die Kraft dazu oder geeignete Strategien zur Hand. So agiert man in der Folge dann häufig intuitiv, macht dem Gegenüber Vorwürfe, greift den anderen an, zeigt sich selbst uneinsichtig und ablehnend, macht kaum Zugeständnisse oder eigene Lösungsvorschläge. Hinzu kommt, dass man nicht unbeteiligter Beobachter, sondern unmittelbar Betroffener ist. Das macht es nicht eben leichter, eine befriedigende Lösung herbeizuführen – zu stark ist die emotionale Beteiligung, zu schwierig eine wertfreie Betrachtung und wertschätzende Kommunikation. Daher ist es bei bereits verhärteten oder eskalierten Konflikten sehr hilfreich, Unterstützung von außen (z. B. von guten Freunden, Beratungslehrerinnen, Erziehungsberatern, Schulpsychologinnen, Sozialarbeitern, anderen Expertinnen) hinzuzuziehen.

Tipps

- *Achten Sie auf Ihre Gefühle.* Sie zeigen Ihnen frühzeitig an, ob und was da schiefläuft.
- Drücken Sie diese Gefühle aus und teilen Sie Ihrem Gegenüber *rechtzeitig* mit, wie es Ihnen momentan geht. Diese *Ich-Botschaften* mit Bezug auf die eigenen Emotionen sind gleich in mehrfacher Hinsicht sinnvoll: Erstens, sie entlasten Sie selbst. Zweitens, sie geben den am Konflikt beteiligten Personen rechtzeitig einen

Hinweis darauf, wie sehr Sie davon betroffen sind, machen ihnen auch die Bedeutung ihres Verhaltens klar. Und drittens: Sie machen dem anderen keine Vorwürfe, so dass dieser nicht sofort in eine Verteidigungsposition geht.

Ein Beispiel:
Ihre minderjährige Tochter möchte mal wieder »halbnackt« in die Schule gehen. Auch heute sind Sie wieder entsetzt und verärgert. Statt mit einem Vorwurf (»Musst du immer so rumlaufen wie eine ...«), wäre es besser mit einer Ich-Botschaft zu agieren: »Weißt du, es bedrückt mich sehr, wenn du so in die Schule gehst. Und ich schäme mich total. Zieh dir doch bitte wenigsten eine Jacke drüber.«

- Das Ausdrücken von Gefühlen will gelernt sein. Und es muss in der Familie ein Klima vorherrschen, in dem das auch möglich ist. Gehen Sie also mit gutem Beispiel voran und ermutigen Sie Ihr Kind, über seine Gefühle zu sprechen. Fragen wie die folgenden können dabei unterstützen und animieren: »Wie ist es dir heute mit der Deutsch-Arbeit gegangen?«; »Hat dich das Verhalten von Herrn Müller sehr geärgert oder warst du mehr über dich selbst enttäuscht?«; »Du wirkst so still, was ist los?«; »Ich habe von einer anderen Mutter gehört, dass es in eurer Klasse ›Zoff‹ gibt; wie geht es dir denn damit? Belastet dich das?«
- Auch wenn Sie sich sehr ärgern: Bemühen Sie sich darum, Ihr Gegenüber, z. B. Ihr Kind oder eine Lehrkraft, nicht herabzusetzen oder zu beschimpfen. In der Regel löst dies Abwehr oder einen Gegenangriff aus. Die Situation eskaliert weiter. Entsprechend sollten Sie auch die folgenden »Kommunikationskiller« möglichst vermeiden.

Vermeiden Sie ...
- Anschreien,
- Strafpredigten,
- Drohungen,
- Beschimpfungen, den anderen lächerlich machen, beschämen, beleidigen,
- Beschuldigungen, Verurteilungen,
- Verhören, »auf den Grund gehen wollen«,
- nonverbale Signale des Missfallens, z. B. ironisches Lächeln, Drohgesten, ignorierendes Schweigen.

Trotz aller Vorbeugungsmaßnahmen und Gesprächskünste wird es nicht gelingen, Konflikte komplett zu vermeiden. Und es ist sicher auch nicht realistisch, dass man sich als Eltern oder Familie direkt Hilfe bei Dritten oder Beratungsprofis holt. Man wird also nicht umhin kommen, die Konflikte zunächst einmal selbst anzugehen. Dabei ist es wichtig, auf ein besonnenes und kluges Vorgehen zu achten.

Die Schwere des Konflikts einschätzen

Nicht mit Kanonen auf Spatzen schießen.

Meinungsverschiedenheiten, Reibereien und auch kleinere Auseinandersetzungen sind im täglichen Miteinander von Menschen – und somit auch in der Schule – ganz normal. Nicht jede Schwierigkeit oder jedes Problem ist daher als Konflikt einzuschätzen. Die Beispiele auf der nächsten Seite machen deutlich, was ein Schein-, Rand-, Zentral- oder Extremkonflikt sein kann und welche Handlungsmöglichkeiten dann naheliegen.

Konflikt-abstufung	Merkmale	Handlungsnotwendigkeit und Ansatzpunkte
Scheinkon-flikt	Die Betroffenheit und Belastung sind für Sie und/oder Ihr Kind gering. Die Sache wird schnell vergessen. Zwei Beispiele: • Andere Kinder frotzeln im Sportunterricht kurz über Ihr Kind, weil es heute zwei verschiedene Socken trägt. • Beim Vorlesen eines fremden Textes macht Ihr Kind einen lustig klingenden Sprechfehler. Alle lachen kurz darüber.	Keine
Randkon-flikte	Die Betroffenheit ist da. Es kommt aber nur zu einer geringen und kurzfristigen Belastung bzw. Beeinträchtigung. Ein Beispiel: • Bei einer Klassenarbeit bekommt Ihr Kind unerwartet die Note »ausreichend«. Die Lehrkraft möchte aber trotz der Hinweise auf fehlende Punkte die Note nicht ändern. Aus Ihrer Sicht eine zwar ärgerliche, aber dennoch vertretbare Position der Lehrkraft.	Ja • z. B.: In Zukunft genauer beobachten, wie die betreffende Lehrkraft Leistungen erfasst und bewertet. Beobachtung des weiteren Verlaufs im Rahmen der Leistungserfassung und Bewertung bei dieser Lehrkraft. • Den lernerischen Verlauf bis zur nächsten Klassenarbeit beobachten; z. B. bei den Hausaufgabenkontrollen, durch Nachfragen am Mittagstisch usw.
Zentralkon-flikt	Es liegt eine starke und andauernde emotionale Belastung vor. Zwei Beispiele: • Ein Lehrer hat Ihr Kind stets in Verdacht, für Störungen in der Klasse verantwortlich zu sein.	Ja • z. B. Eins-zu-Eins-Gespräche, • Veränderung der Spielregeln und Strategien, • ggf. das Treffen von Vereinbarungen.

Konflikt-abstufung	Merkmale	Handlungsnotwendigkeit und Ansatzpunkte
	• Zu Hause gibt es mit Ihrem Kind fortwährend Stress mit der »schlampigen« Erledigung der Hausaufgaben.	
Extremkon-flikt	Eine sehr starke Belastung, die auch eine dauerhafte Beeinträchtigung nach sich ziehen kann. Zwei Beispiele: • Ihr Kind wird Opfer von Mobbing oder Gewalt. • Ihr Kind wird beim Ladendiebstahl erwischt.	Ja • z. B. Gespräche führen, • kluge Strategien finden (z. B. zur Stärkung des Kindes, Einbindung des Klassenlehrers), • Hilfe in Anspruch nehmen.

Tipps

• Schätzen Sie das Problem oder den Konflikt *in seiner Wirkung* ein: Wie sehr belastet die Situation Ihr Kind, die Familie, das Lernen, die Beziehungen usw.? Wie sehr belastet es Sie persönlich? Was genau macht diese Belastungen aus? Darüber hinaus sollten Sie prüfen, ob eine Chance besteht, dass sich das Problem mit der Zeit von selbst erledigt oder ob davon eher nicht auszugehen ist.
• Gleichen Sie Ihre persönliche Einschätzung mit der Ihres Kindes im Gespräch ab. Auch ein *Abgleich der Meinungen* mit dem Ehe- oder Lebenspartner sowie guten Freunden kann hilfreich sein. Auf diese Weise erfassen Sie außerdem andere Sichtweisen und Perspektiven, die Sie ggf. vor einseitigen Betrachtungen und Bewertungen schützen.

Auf kluge Weise intervenieren

Deeskalation statt weiterer Verschärfung
Achten Sie nach Möglichkeit darauf, dass sich Konflikte nicht noch ausweiten oder verschärfen. Das heißt aber keinesfalls, die Dinge zu verharmlosen oder unter den Teppich zu kehren, getreu dem Motto »Es war doch alles nicht so schlimm«. Das, was anzusprechen und zu klären ist, muss auch zur Sprache kommen. In einzelnen Fällen kann es sogar sinn-

voll sein, bestehende Konflikte kurzzeitig zu »dramatisieren«, damit sie in ihrer ganzen Dimension für alle Beteiligten (z. B. einen uneinsichtigen Lehrer) verständlich werden.

Wenn man weiß und versteht, wie ein Konflikt entstanden ist, ist man auch in der Lage, im weiteren Verlauf deeskalierend zu handeln. Daher sollte man sich den Beginn und die Entwicklung des Konflikts noch einmal vor Augen führen: Wie ist es eigentlich dazu gekommen? Dabei erkennt man möglicherweise auch die eigene Beteiligung: z. B. Fehler in der Kommunikation, bei der Übernahme von Verantwortung, in der Art und Weise des Handelns. Sich auf diese Weise selbst auf die Spur zu kommen, bietet auch die Möglichkeit, eigene Vorurteile zu überprüfen und im besten Fall sogar Empathie (Verständnis) für etwaige »Konfliktgegner« zu entwickeln.

Es ist hilfreich, wenn Sie sich bei Konflikten immer einmal wieder klarmachen, dass »die anderen« in der Regel nicht die erklärte Absicht haben, Sie zu ärgern oder gar zu schädigen. Wenn Sie die andere(n) Konfliktpartei(en) als Gegner auffassen, ist ein Kampf vorprogrammiert. Besser ist es, den (positiven) Absichten der Beteiligten nachzuspüren, auch wenn das auf den ersten Blick fremd und unpassend wirken mag. Dazu ein Beispiel:

Die Lehrerin, ich nenne sie Frau Müller, zieht immer wieder einmal die ganze Klasse mit Strafarbeiten dafür zur Rechenschaft, dass einzelne Schülerinnen und Schüler im Unterricht stören oder ihren Verpflichtungen nicht nachkommen. Stellen Sie sich nun vor, dass Ihr eigenes Kind, ich nenne es hier Max, zur Klasse gehört, aber im Regelfall an solchen Unterrichtsstörungen gar nicht beteiligt ist. Deshalb empfinden sowohl Ihr Kind als auch Sie selbst solche Kollektivstrafen als höchst ungerecht. Sie sind darüber richtiggehend verärgert.

Klar ist, dass Sie in diesem Konflikt ebenfalls Betroffene sind. Auch wenn Sie selbst und Ihr Kind nicht ursächlich mitverantwortlich sind, werden Sie »ungewollt« zum Teil des Geschehens.

Bei der Einschätzung des Konfliktes kommen Sie zu der Ansicht, dass es sich um einen Zentralkonflikt handelt, vor allem weil das Verhalten wiederkehrend ist und starke negative Gefühle bei Ihnen und Ihrem Kind auslöst.

Überprüfen Sie nun einmal die Entstehungsgeschichte des Konflikts sowie die Absichten der Lehrkraft:

- Der Konflikt wurde bereits beim letzten Elternabend vorsichtig von einer anderen Mutter angesprochen. Frau Müller reagierte damals mit der Aussage, Strafaufgaben, z. B. zusätzliche Hausaufgaben, würden ja den Kindern nicht schaden, sondern eher nutzen.
- Sie selbst haben seinerzeit nichts dazu gesagt, sich aber trotzdem ein klein wenig über diese Antwort geärgert.
- Ihr Kind hat im weiteren Verlauf der Geschichte mehrmals von Strafaufgaben für alle berichtet. Sie haben selbst nicht gehandelt, irgendwie keine Zeit und Kraft dazu gehabt.

Jetzt reicht es Ihnen. Sie wollen mit der Lehrerin reden, aber den Konflikt nicht noch weiter verschärfen.

Sinnvolle Überlegungen könnten sein:
- Eigentlich hätte ich schon früher etwas sagen sollen.
- Ich hätte mich auch schon einmal mit den anderen Eltern kurzschließen können.
- Frau Müller ist ja ansonsten fachlich richtig gut. Sie hat hohe (aber gerechte) fachliche Anforderungen an die Kinder, und diese lernen bei ihr auch viel. Nur mit der Disziplinierung einzelner Schülerinnen und Schüler hat sie so ihre Probleme.
- Frau Müllers (positive) Absicht ist es, dass alle vorankommen und beim Lernen Ausdauer, Sorgfalt und Zuverlässigkeit entwickeln. Alles Ziele, die Sie unterstützen.
- Frau Müller möchte Max bestimmt nicht persönlich bestrafen. Sie weiß sich aber in der Klasse keinen anderen Rat.
- An den Konflikten in der Klasse sind immer wieder dieselben zwei bis drei Schülerinnen und Schüler beteiligt: Robin, Marius und Nicole.

Eine kurze Vergegenwärtigung dieser oder ähnlicher Aspekte führt normalerweise bereits zu einer »milderen« Sicht auf das Problem und die Lehrerin. Auch wird klar, dass in diesem Fall Verunglimpfungen der Lehrkraft wenig hilfreich sind. Eigentlich benötigt die Lehrerin Hilfe, die Sie Ihr aber als Elternteil nicht anbieten können. Folgende Ansatzpunkte könnten zu einer Lösung führen:

Sie suchen *möglichst bald* das Gespräch mit Frau Müller und nehmen sich vor, dieses Gespräch *ohne Anklage* zu beginnen. Z. B. so:
- »Ich bin gekommen, weil ich mir Sorgen darum mache, dass Max bald nicht mehr mit so viel Freude in Ihren Unterricht geht und lernt, weil er des Öfteren auch Strafarbeiten zu erledigen hat, obwohl

er selbst immer die Hausaufgaben macht und – soweit ich das beurteilen kann – auch im Unterricht eher nicht zu den Störenfrieden gehört.

• Auch ich leide ein bisschen mit und empfinde die Zusatzarbeiten für ihn als ungerecht.

• Wie lässt sich das aus Ihrer Sicht ändern?«

Auf die möglicherweise bestehenden Erziehungsprobleme in den Familien von Robin, Marius und Nicole haben Sie keinen Einfluss. Sie können sich darüber ärgern, verändern können Sie daran nichts.

Sollte Frau Müller ihr Verhalten in den nächsten Wochen nicht ändern, so sprechen Sie sie nochmals an und nehmen Bezug auf das letzte Gespräch. Ändert sich weiterhin nichts, sollten Sie sich an die Klassenpflegschaft wenden, ggf. mit anderen Eltern Kontakt aufnehmen, und zu guter Letzt als Elterngruppe auf ein gemeinsames Gespräch mit dem Schulleiter oder der Schulleiterin drängen.

Nicht im Affekt handeln

Ein Affekt ist eine starke Gemütsbewegung, die durch besonders intensive Gefühle hervorgerufen wird. Jeder von uns kennt das: Es ist etwas passiert, was einen entweder vor Freude und Begeisterung oder aber vor Wut und Enttäuschung stark aufwühlt. Solche emotionalen Erregungszustände gehen im Körper mit der Ausschüttung bestimmter Hormone einher, was fast immer zu Gefühlsentladungen führt. Bei positiven Erlebnissen würde man am liebsten Bäume ausreißen und die ganze Welt umarmen; bei negativen Erlebnissen am liebsten sofort »losschlagen«.

Das Dumme ist nur, dass man in einer solchen Situation kurzzeitig »außer sich« ist. Ein nüchternes und abwägendes Handeln wird dadurch unmöglich. Daraus lässt sich zumindest bei belastenden Situationen folgendes Grundprinzip ableiten: *Solange man noch emotional aufgewühlt ist, sollte man keine Entscheidungen fällen, keine Maßnahmen ergreifen oder ersten Schritte tun.* Das gilt auch für spontane Vorwürfe, Strafpredigten oder den Griff zum Telefon, z. B. um sich beim Lehrer oder der Schulleiterin zu beschweren. Auf diese Weise werden »Schnellschüsse« vermieden, die nach hinten losgehen können und die man womöglich später sehr bereut.

- Wenn man sehr verärgert, enttäuscht oder auch wütend ist, ist es ganz normal und auch hilfreich, zunächst einmal *Dampf abzulassen*. Fluchen und Schimpfen tun gut! Sofern man es schafft, dabei persönliche Beleidigungen, Kränkungen und Ähnliches zu vermeiden, wird für das Gegenüber erkennbar, wie stark man von der Konfliktsituation selbst berührt ist. Dies ist zumindest in privaten Beziehungen (z. B. bei Konflikten mit dem eigenen Kind) durchaus angemessen. Hilfreich kann auch der Griff zum Telefon sein, um z. B. einer guten Freundin oder einem guten Freund sein Leid zu klagen.

- Da Sie sich selbst gut kennen, wissen Sie auch genau, was Sie besonders »auf die Palme bringt«. Verordnen Sie sich für solche Gelegenheiten einen *absoluten Handlungsstopp*. Wenn Sie ohnehin dazu neigen, impulsiv zu reagieren, dann sollten Sie bei besonders belastenden Stresssituationen Ihren Partner oder einen anderen vertrauten Menschen bitten, Ihnen beizustehen und dafür zu sorgen, dass Sie selbst keine *»Dummheiten«* machen.

- Gerade bei schwerwiegenden Konflikten mit dem eigenen Kind, bestimmten Lehrkräften oder der Schule sollte man Entscheidungen zumindest *eine Nacht »überschlafen«*. So gewinnt man genügend Abstand, um am nächsten Tag klug handeln zu können. Nimmt man sich einen weiteren Tag Bedenkzeit, kann es durchaus vorkommen, dass sich in der Zwischenzeit das Problem bereits entschärft hat oder sich gar erste Lösungsansätze zeigen.

Ich-Botschaften statt Vorhaltungen

Oft ist es so, dass die an einem Konflikt Beteiligten die »Schuld« vor allem beim Gegenüber suchen, dessen unangebrachtes Verhalten im Blick haben und dies auch im Gespräch direkt zum Ausdruck bringen (»Wie konntest du das nur machen?! Kannst du nicht endlich damit aufhören? Immer machst du nur Ärger!«). Häufig führen derartige Vorhaltungen zur Verschärfung des Konflikts, lösen Abwehr, Gegenangriffe oder Rückzug aus. Genau dies soll durch die Verwendung von Ich-Botschaften vermieden werden. Erfahrungsgemäß sorgen sie dafür, dass sich das Gegenüber leichter auf das Gespräch einlässt und über sein Verhalten und die damit verbundenen Wirkungen nachdenkt. Wird die Ich-Botschaft darüber hinaus mit einer Bitte oder einem Wunsch verknüpft, dann ergibt sich daraus möglicherweise bereits eine Lösungsidee. Grundsätzlich sollten Ich-Botschaften daher folgender Grundstruktur folgen: 1.) Den Sachverhalt »neutral« beschreiben, 2.) Dem Gegenüber von den eigenen Gefühlen und Bedürfnissen erzählen, sowie 3.) Bitten und Wünsche zum Ausdruck bringen (vgl. dazu die Beispiele auf Seite 90 f. und 94 f.).

Rahmenbedingungen und Gewohnheiten ändern
An zwei Beispielen möchte ich diese grundsätzliche Strategie verdeutlichen.

Beispiel 1
Tobias kommt wieder einmal enttäuscht und deprimiert aus der Schule nach Hause, weil er bei seinem Mathematiklehrer, Herrn Brandt, erneut kaum etwas verstanden hat. Dabei ist es so wichtig, dranzubleiben, denn in Mathematik baut ja alles irgendwie aufeinander auf. Und was man jetzt nicht versteht, das wirkt sich auch in Zukunft negativ aus. Herr Brandt, das hat Tobias Ihnen berichtet und das wissen Sie auch aus den Erzählungen anderer Eltern, beschäftigt sich lieber mit den drei, vier besten Schülern und versteht es auch nicht so gut, die Dinge geschickt zu erklären. Tobias und auch andere Mitschüler sind daher kaum in der Lage, alleine zu Hause die Hausaufgaben durchzuarbeiten und den Stoff zu üben.

Wenn man die Szene einen kleinen Moment auf sich wirken lässt und sich dabei auch in die handelnden und betroffenen Personen hineinversetzt, stößt man auf Aspekte, die bei der Lösung des Problems durchaus hilfreich sein können.
- *Tobias:* Strengt sich an, kann aber Herrn Brandt nicht folgen, ist zunehmend frustriert, verliert eventuell den Anschluss, die Lernmotivation kann wegbrechen.
- *Herr Brandt:* Hat vermutlich selbst Spaß an der Mathematik und in seiner eigenen Lernbiographie mutmaßlich wenig Probleme mit Mathe gehabt (deswegen hat er ja Mathematik studiert). Er hat sich daher mit Lernschwierigkeiten (die andere haben können) nie so richtig auseinandergesetzt, kennt sich vermutlich auch zu wenig mit individueller Lernberatung aus oder hofft, dass Tobias die Sache schon verstehen werde, wenn er sie ihm nochmals auf die gleiche Weise erklärt.

- *Sie als Mutter oder Vater:* Sie leiden mit, weil Sie die Anstrengungsbereitschaft von Tobias und die gleichwohl eintretende Frustration sehen; gleichzeitig sind Sie aber unsicher, ob er die nötige Eignung für Mathematik hat (das können Sie aber selbst kaum beurteilen).

Da Sie nun kaum direkten Einfluss auf die didaktischen und pädagogischen Fähigkeiten des Lehrers haben sowie darauf, wie Tobias das Problem bewältigt, können Sie nur die Rahmenbedingungen des Lernens für Tobias und seine Gewohnheiten verändern. Und da gibt es je nach Situation und persönlichem Hintergrund unterschiedliche Möglichkeiten:

- Sofern Sie es sich leisten können und wollen, lässt sich das Problem über eine gute Nachhilfe angehen.
- Sofern Sie fachlich kompetent sind, die Zeit – und vor allem die nötige Gelassenheit – haben, können Sie Ihr Kind selbst unterstützen. Das gelingt aber nur, wenn sich in der Situation weder Ungeduld noch Stress aufbauen.
- Sie können mit anderen betroffenen Eltern gemeinsam das Problem angehen. Vielleicht sind Väter oder Mütter dabei, die einspringen können, oder man bezahlt gemeinsam einen Nachhilfelehrer.
- Sie sprechen sich mit anderen Eltern ab und bitten die Lehrkraft um ein Gespräch, damit gemeinsam Lösungen herbeigeführt werden können. Eventuell entsteht so ein Stützkurs in Mathematik oder eine über den Förderverein der Schule mitfinanzierte, regelmäßig angebotene Schüler-Schüler-Nachhilfe.
- Tobias kann aber auch selbst die »Mathecracks« ansprechen und um Hilfe bitten. Vielleicht kann er ihnen ja im Gegenzug mit seinen Lateinkenntnissen dienen.
- Tobias muss seine Eigenanstrengungen zu Hause verstärken und seine Lernstrategien verändern. Das kann dazu führen, dass er im Unterricht mehr als bisher nachfragt und sein Nichtverstehen selbstbewusster auf den Punkt bringt.
- Sie sprechen Ihre Sorgen am Elternsprechtag bei Herrn Brandt persönlich an. Auch hierbei kann der Einsatz von Ich-Botschaften überaus hilfreich sein: »Ich mache mir richtig Sorgen um Tobias, was seine Mathematik anbelangt. Obschon er zu Hause übt und manchmal auch mit Mirco zusammen die Hausaufgaben macht, hat er das Gefühl, dass er momentan nicht mitkommt. Das bekümmert ihn und mich sehr. Ich weiß, dass er nicht dumm ist und das schaffen kann. Tobias meint, dass das auch anderen Schülerinnen so geht. Gibt es

Möglichkeiten für Tobias, im Unterricht besser folgen und die Dinge verstehen zu können? Könnten Sie ihn eventuell dabei unterstützen?«

Natürlich gibt es bei keiner der genannten Vorgehensweisen eine Erfolgsgarantie. Ziemlich sicher aber wird Bewegung in die Sache kommen und die schwierige Situation sich entspannen – gute Voraussetzungen für eine nachhaltige Verbesserung.

Beispiel 2
Ihre 16-jährige Tochter kommt mitten in der Woche wieder einmal um 24 Uhr nach Hause. Vereinbart war 22 Uhr. Offensichtlich haben die zahlreichen Appelle und gelegentlichen Strafen (z. B. ein Ausgehverbot) keine nachhaltige Veränderung bewirkt.

Was können Sie nun tun?
- Sie könnten wegschauen und Ihre Tochter gewähren lassen. Sie muss dann die möglichen Konsequenzen ihres Handelns (z. B. nicht ausgeschlafen in die Schule gehen, Konzentrationsprobleme, ggf. schlechtere Schulleistungen) selbst tragen.
- Sie könnten sich gemeinsam auf eine neue »Kompromisszeit« einigen; z. B. 23 Uhr.
- Sie könnten Ihrer Tochter an anderer Stelle mehr entgegenkommen bzw. ein Ausgleichsangebot machen, allerdings bei der vereinbarten Heimkehrzeit bleiben.
- Sie könnten eine Belohnung in Aussicht stellen, die motivierenden Charakter hat (z. B. einen Geldzuschuss zur Erfüllung eines langgehegten Wunsches).
- Sie könnten Ihre Tochter bitten, eigene Problemlösungsideen einzubringen.
- Sie könnten um ein Gespräch bitten, an dem auch die beste Freundin, der Freund etc. beteiligt sind, und dabei Ihre elterlichen Sorgen und Wünsche ansprechen.

Im zwischenmenschlichen Miteinander lassen sich Konflikte nie ganz vermeiden. Dies gilt ganz besonders dann, wenn gegenseitige Erwartungen im Spiel sind. Genau dies ist in der Schule ständig der Fall. Schülerinnen und Schüler sind dabei in einer besonders schwierigen Situation: Sie sind nicht nur mit den Erwartungen von Lehrern, Eltern und Mitschülern konfrontiert (z. B. was die Mitarbeit im Unterricht, das Sozialverhalten und die Schulleistungen angeht), sondern stellen diesbezüglich stets auch Erwartungen an sich selbst. Sie wissen um die von außen gestellten Ansprüche und wollen ihnen in der Regel auch gerecht werden. Gleichzeitig wird ihr Verhalten aber von eigenen Zielen und Hoffnungen, von aktuellen Umständen sowie den persönlichen Voraussetzungen (z. B. emotionalen, sozialen oder kognitiven Möglichkeiten) gesteuert. Wenn die wechselseitigen Hoffnungen immer wieder enttäuscht werden, sind Probleme und Auseinandersetzungen unumgänglich.

In den folgenden Kapiteln will ich mich auf unterschiedliche Problembereiche konzentrieren. Zunächst möchte ich mich dem Verhalten des eigenen Kindes zuwenden und anschließend Probleme und Schwierigkeiten mit Mitschülerinnen und Mitschülern genauer betrachten. Im nächsten Kapitel wird es dann um die Frage gehen, was zu tun ist, wenn es Konflikte mit Lehrerinnen und Lehrern gibt. In Kapitel 9 schließlich finden Sie Gedanken und Hinweise zu der Frage, was man unternehmen kann, wenn man mit den schulischen Rahmenbedingungen nicht zufrieden ist. Aber eins vorab: Bei allen Problemen kommt es entscheidend darauf an, frühzeitig wahrzunehmen, dass etwas nicht stimmt, es durchdacht anzupacken und schließlich eine nachhaltige Lösung zu finden. Denn wenn Probleme längerfristig unter der Decke gehalten werden, tauchen sie immer wieder aufs Neue auf und entwickeln sich schließlich zu handfesten Konflikten. Das aber belastet die Kinder ebenso sehr wie die familiären Beziehungen und macht schlimmstenfalls sogar krank.

6. Konfliktstrategien im Umgang mit dem eigenen Kind

Kinder und Jugendliche haben immer wieder mal Probleme in der Schule – mit den Lehrerinnen und Lehrern, den Mitschülerinnen und Mitschülern, mit dem Lernen und dem Leistungsanspruch. Als besorgten Eltern entgehen Ihnen diese Schwierigkeiten nicht. So werden die Probleme der Kinder dann auch zu Problemen der Erwachsenen. Und da man für seine Kinder nur das Beste will, bemüht man sich darum, Schwierigkeiten möglichst auszuräumen.

Es gibt mit Blick auf die Schulzeit allerdings auch Konflikte, die nicht unmittelbar oder ausschließlich von der Schule, den Mitschülern oder den Lehrern verursacht werden, sondern sich daraus ergeben, dass sich das eigene Kind nicht so verhält, wie man sich das als Eltern wünscht:

Übersicht 22: Konfliktträchtiges Verhalten

- Das Kind könnte sein *Lern- und Leistungsverhalten verbessern*, z.B. noch selbstständiger lernen; gewissenhafter arbeiten, fleißiger üben.
- Das Kind könnte sich im Verhältnis zu den Lehrern und/oder den Mitschülerinnen *selbstbewusster* zeigen.
- Das Kind könnte sich stärker an den sonstigen *Schulaktivitäten* beteiligen, z.B. an einzelnen Arbeitsgemeinschaften teilnehmen.
- Das Kind setzt sich selbst zu stark unter *Leistungsdruck*, z.B. vor Klassenarbeiten.
- Das Kind stellt sich – durchgängig oder in einzelnen Fächern – den *schulischen Anforderungen* kaum oder gar nicht, eventuell schwänzt es sogar den Unterricht.
- Das Kind *stört im Unterricht* immer wieder, passt nicht auf, wird von der Lehrerin, dem Lehrer ständig ermahnt, es gibt erste Erziehungsmaßnahmen seitens der Lehrkraft.
- Das Kind verhält sich gegenüber Mitschülern und/oder Lehrkräften *unsozial*, zeigt etwa aggressives oder gewaltbetontes Verhalten. Erziehungs- und Ordnungsmaßnahmen seitens der Schule werden notwendig.

Was können Eltern tun, damit Kinder sich einerseits konstruktiver verhalten und andererseits ihr problematisches Verhalten abstellen? In erster Linie können sie das Selbstvertrauen der Kinder stärken und ihre Zielorientierung und Selbstmotivation ansprechen. Wenn es darum geht, problematisches Verhalten abzustellen, sind weitergehende Maßnahmen erforderlich, etwa ernsthafte Gespräche mit dem Kind und die Festlegung und Kontrolle von Verhaltensregeln.

Eltern können auch weitere Personen in die Konfliktlösung einbeziehen und Disziplinarmaßnahmen ergreifen. Natürlich kommt es bei alledem darauf an, die spezifische Problem- und Konfliktsituation genau im Blick zu haben und die unterschiedlichen Perspektiven aller Beteiligten zu berücksichtigen.

Lassen Sie uns die in obenstehender Übersicht genannten Verhaltensweisen im Folgenden einmal näher betrachten. Das jeweilige Verhalten soll dabei bewusst *positiv* umschrieben werden. Auf diese Weise rückt das Ziel der Konfliktbewältigung bereits ins Blickfeld. Danach möchte ich das jeweilige Problem zunächst kurz skizzieren, um dann im nächsten Schritt Anregungen zu seiner Bewältigung zu geben. Bitte bedenken Sie dabei jedoch:

- Die vorgeschlagenen Lösungsstrategien sind notwendigerweise typisiert und damit stark vereinfacht. Die Komplexität jedes konkreten Einzelfalls kann im Rahmen eines Buches nicht hinreichend erfasst werden. So ist es z. B. nicht möglich, auf genauere Zusammenhänge in der Eltern-Kind-Beziehung einzugehen. Auch andere Einflussfaktoren, wie z. B. die persönlichen Ressourcen eines Kindes, sein individueller Reifegrad, spezifische Beeinträchtigungen oder gar Behinderungen, können hier nicht berücksichtigt werden. Dasselbe gilt für die Beziehung beider Elternteile zueinander, für die materielle Situation der Familie und das Umfeld (z. B. den Freundeskreis des Kindes) oder die Lebensgewohnheiten (z. B. hoher Bildschirmkonsum). Auch Überforderungen in der Schule sowie der eventuelle Einfluss demotivierender Lehrkräfte und anderes mehr können hier nicht adäquat bedacht werden. Behalten Sie daher solche Faktoren beim Lesen im Hinterkopf, wenn es darum geht, eventuelle *eigene Konflikte zu analysieren*. Häufig haben gerade solche Rahmenbedingungen einen starken Einfluss auf die schulischen Probleme von Kindern. Damit die Probleme gelöst werden können, müssen diese Rahmenbedingungen sinnvoll mit einbezogen werden.
- Die in diesem Kapitel angesprochenen Probleme und Konflikte lassen sich zunächst einmal »persönlich« mit dem eigenen Kind besprechen und angehen. Bei gravierenderen Konflikten werden Sie aber erfahrungsgemäß innerhalb der Familie nicht weiterkommen. Sie können

nur gemeinsam mit den Lehrkräften, eventuell auch zusammen mit weiteren Betroffenen oder auch neutralen Dritten und Experten gelöst werden (siehe auch Kapitel 10, Seite 163 ff.).

Was Sie tun können, damit Ihr Kind besser lernt und seine Leistungen verbessert

Während der Grundschulzeit interessieren Kinder sich in der Regel sehr für alles Neue. Sie sind wissbegierig, lernen und üben gerne, zeigen ihren Mitschülern und Eltern stolz, was sie können oder geleistet haben. Leider dauert diese innere (intrinsische) Motivation häufig nicht an. Es gibt viele Gründe dafür, dass die meisten Schülerinnen und Schüler in den weiterführenden Schulen Lernen und Leistung zunehmend nach Kosten-Nutzengesichtspunkten betrachten: Was muss ich tun, um diesen oder jenen Effekt zu erzielen, und was bringt mir das dann? Dass eine solche Motivation durch äußerliche Faktoren (extrinsische Motivation) insgesamt schwächer wirkt als jeder echte innere Antrieb, ist durch die Forschung gut belegt. Extrinsisch motiviertes Lernen führt oft dazu, dass ein Schüler sich nur noch vor Klassenarbeiten oder Tests gezielt vorbereitet, statt den Stoff kontinuierlich durchzuarbeiten und zu üben. Die Neugier, das Erforschen von Inhalten auch über den konkreten Erwartungshorizont hinaus, bleiben dabei auf der Strecke.

Häufig fördern die Schulen selbst ein solches Verhalten durch ständige benotete Leistungsüberprüfungen auch außerhalb der Klausuren und Klassenarbeiten. Oder aber die Interessen der Schüler und die Alltagstauglichkeit der Inhalte werden nicht (genügend) berücksichtigt. Wenn es dann in der jeweiligen Schule, Klasse oder Clique auch noch »cool« ist, wenig zu leisten oder Lern- und Leistungsbereitschaft gar als Strebertum geächtet werden, brauchen Eltern und Kinder viel Selbstbewusstsein und Stärke, um gegen den Strom zu schwimmen. Unter solchen Rahmenbedingungen fällt es auch den von Hause aus interessierten und motivierten Schülern nicht leicht, Eigeninitiative zu zeigen, selbstständig zu lernen und Leistung zu bringen.

Neben dem Wechsel von innerer zu äußerer Motivation und lernfeindlichen Rahmenbedingungen spielt bei Problemen mit Lernen und Leistung häufig die Pubertät eine nicht unwesentliche Rolle. Immerhin müssen Kinder hier mit großen äußeren und inneren Veränderungen klarkommen. Damit einher gehen oft ein neuer Freundeskreis und ver-

änderte Freizeitinteressen. Kein Wunder also, dass Sie Ihr einstmals flei-
ßiges Grundschulkind mitunter womöglich kaum wiedererkennen …

Tipps

- Überprüfen Sie zunächst einmal selbstkritisch, ob Ihre *eigene Er-
  wartungshaltung* an Ihr Kind »realistisch« ist. Vergleichen Sie sein
  Lernverhalten und seine Leistungen z. B. mit Ihren eigenen biographischen Erfahrungen als Schüler oder mit dem Verhalten von
  Mitschülern in der Klasse oder Jahrgangsstufe. Gut möglich, dass
  sich Ihre Ansprüche dabei ein wenig relativieren.
- Sofern Ihr Kind den schulischen Anforderungen hinreichend gerecht wird und dies auch noch mit eher »bescheidenem« Aufwand schafft, dürfen Sie ruhig auch ein kleines bisschen stolz sein.
  Denn schließlich kann das auch als gutes Zeichen gesehen werden: Ihr Kind könnte mit mehr Aufwand sicher noch bessere
  Leistungen erbringen. Sie können also sicher sein, dass es bislang
  nicht genutzte Ressourcen zu gegebener Zeit abrufen und einsetzen kann.
- Befindet sich Ihr Kind in der *Pubertät*, so benötigt es viel Energie,
  um die körperlichen, seelischen und geistigen Veränderungen zu
  verarbeiten. Das Lernen kann zeitweise zur Nebensache werden. Jetzt gilt es für Eltern, viel *Verständnis und Geduld* zu zeigen.
  Das bedeutet aber nicht, dass Sie nun jede Form von Schlend-
  rian, Rückzug, Stimmungsschwankungen und Ähnliches als Entschuldigung für mangelhaften schulischen Einsatz akzeptieren
  müssen. Vielmehr sollten Sie sich um Kompromisse bemühen.
  Mit dem Größerwerden Ihres Kindes gehen möglicherweise ver-
  änderte Zeiten und Formen des selbstständigen Arbeitens und
  Lernens einher. Lehnen Sie nicht vorschnell ab, wenn Ihr Spröss-
  ling vorschlägt, zu bislang »unmöglichen« Zeiten und an »fremden« Orten zu lernen und zu arbeiten.
- *Nehmen Sie sich genügend Zeit, um die nötigen Einblicke in das
  Lernen Ihres Kindes zu bekommen.* Wenn Sie unmittelbar nach
  Schulschluss nicht dazu kommen, z. B. weil Sie berufstätig sind,
  können Sie beispielsweise eine feste Zeit am frühen Abend dafür
  vorsehen. Rückfragen zum Tagesgeschehen in der Schule sowie
  Nachfragen zu den Hausaufgaben sind unentbehrlich. Sie zeigen

Ihrem Kind Ihr Interesse, und bei Problemen können Sie zeitnah helfen oder auch nachsteuern.

- Vor allem jüngere Kinder werden motiviert, wenn Erwachsene ein grundsätzliches Interesse an ihren schulischen Belangen und Aufgaben zeigen. Erkundigen Sie sich bei Ihrem Kind, was in der Schule gerade inhaltlich passiert, was und wie in den einzelnen Fächern oder bei Projekten gelernt werden soll. Lassen Sie sich dabei hin und wieder das Arbeitsmaterial oder die Seiten im Schulbuch zeigen. Fragen Sie nach, ob Ihr Kind meint, die Dinge selbst verstanden zu haben. Lassen Sie sich ab und an die Inhalte von Ihrem Kind erklären. Dann zeigt sich, ob es die Sachverhalte wirklich erfasst hat.

- An anderer Stelle habe ich bereits angesprochen, dass die Erledigung der *Hausaufgaben* grundsätzlich Schülersache ist. Die Frage, ob man die Kinder dabei unterstützen und beispielsweise bei Lernproblemen helfen sollte, wird in Fachkreisen kontrovers diskutiert. Ich vertrete hier folgende Position: Soll durch die Hausaufgaben ein bereits verstandener Schulstoff gefestigt werden, dann sollten Sie Ihr Kind ganz alleine arbeiten lassen. Anders sieht es aus, wenn über das Wiederholen und Durcharbeiten der Verstehensprozess selbst befördert werden soll. Hat Ihr Kind dabei erkennbar größere Schwierigkeiten, kann es im Einzelfall sinnvoll sein, wenn Sie es behutsam anleiten und begleiten. Sofern Sie als Vater oder Mutter selbst sachkompetent sind, können Sie bei der *Hausaufgabenbetreuung* z.B. folgendermaßen vorgehen:

1. Sie fragen Ihr Kind, was es bereits versteht und was es nun *genau* nicht versteht oder noch nicht kann. Dabei hören Sie aufmerksam zu und versuchen dem Lernproblem nachzuspüren.

2. Sie machen Ihrem Kind das zu Lösende, Verstehende, Könnende, Auszusprechende etc. selbst vor und erläutern dabei, *warum Sie was wie in welcher Reihenfolge* machen. Ihr Kind hört zu und kann bei jedem Ihrer Denkschritte Fragen stellen.

3. Nun geht Ihr Kind an die gleiche Aufgabe heran. Es soll ebenfalls laut denken und wird bei Bedarf von Ihnen durch Tipps und Hilfen unterstützt.

4. Allmählich halten Sie sich mit Tipps und gedanklichen Hilfen dann wieder mehr zurück. Das Kind muss jetzt die Probleme möglichst alleine bewältigen.
5. Am Ende sollte Ihr Kind noch einmal zusammenfassen, was es demnächst beim Problemlösen und Durcharbeiten generell beachten will.

Wird die Hausaufgabenbetreuung immer mehr zum familiären Nachhilfeunterricht, gilt es zwei Dinge zu bedenken. Erstens: Sie sollten Ihrem Kind nur dann unter die Arme greifen, wenn dies wirklich nicht zu vermeiden ist. Und Sie sollten dabei selbst möglichst entspannt sein. Sofern Sie noch mit anderen Dingen belastet sind, werden Sie vermutlich nicht die nötige Geduld aufbringen. Dann wird die Hausaufgabenhilfe alsbald Stress erzeugen und wohl kaum die erhofften Ergebnisse bewirken. Im Zweifelsfall ist es dann besser, eine andere Form der Nachhilfe in Anspruch zu nehmen (z. B. eine Schüler-Schüler-Nachhilfe).
Zweitens: Wenn Ihr Kind des Öfteren mit Verstehensproblemen nach Hause kommt, sollten Sie den Ursachen auf den Grund gehen. Sprechen Sie das Problem zunächst mit Ihrem Kind an und beratschlagen Sie sich gemeinsam. Was kann und sollte getan werden? Hier einige Möglichkeiten:
− Das Kind soll im Unterricht unmittelbar ansprechen, wenn es etwas nicht verstanden hat und die Lehrkraft bitten, es noch einmal zu erklären.
− Das Kind kann selbst Vorschläge machen, wer ihm während des Unterrichts oder auch außerhalb des Unterrichts helfen kann. Gegebenenfalls können Sie dann gemeinsam mit der Lehrkraft überlegen, ob z. B. eine neue Sitzordnung oder Gruppenzuweisung günstig wäre.
− Das Kind trifft sich regelmäßig mit anderen Kindern zum gemeinsamen Lernen und Arbeiten.
− Das Kind nimmt an einem besonderen Stützunterricht teil.
− Sofern Sie es sich leisten können, wird für eine Übergangszeit ein Nachhilfeangebot durch Dritte (z. B. qualifizierte Nachhilfelehrer) in Anspruch genommen.

• Zeigen sich auf Dauer *gravierendere Lern- und Arbeitsprobleme*, sollten Sie auf alle Fälle das Gespräch mit den entsprechenden

Lehrkräften, im Einzelfall auch mit der Klassenlehrerin suchen. Bitten Sie bei dieser Gelegenheit die Lehrkräfte um eine differenzierte Diagnose. Lehrerinnen und Lehrer sollten sagen können, was Ihr Kind bereits gut macht und was genau es verändern sollte, um den Anschluss nicht zu verlieren und wieder Erfolgserlebnisse zu erzielen.

- Falls Sie den Eindruck gewinnen, dass die *Lehrkraft selbst* oder auch Konflikte mit Mitschülern das eigentliche Problem darstellen, wird es kompliziert. Zeigt sich die Lehrerin oder der Lehrer selbstkritisch und offen, werden Sie bei ihr oder ihm Ihre Sorgen sicher gut ansprechen können. Vielleicht ist die Lehrkraft sogar für Hinweise dankbar, die ihr zeigen, dass sie beim Erklären, Darstellen, Aufrufen und Drannehmen, beim Bilden von Arbeitsgruppen usw. in der Alltagshektik das eine oder andere übersehen hat. *Erschwert* allerdings die *Lehrkraft selbst das Lernen der Kinder*, ist sie zudem wenig kritik- und lernbereit, bringt Sie nur eine Veränderung Ihres eigenen Verhaltens weiter (siehe Hinweise ab Seite 129).
- Kommen Partner- oder Familienkonflikte, schwerwiegendere Schicksalsschläge im privaten wie schulischen Umfeld, Ausgrenzung, Mobbing oder gar körperliche Gewalt gegen Ihr Kind als eigentliche Ursache für abfallende Schulleistungen in Frage, so sollten Sie auf alle Fälle *professionelle Hilfe* in Anspruch nehmen. Suchen Sie die Familienberatungsstellen Ihrer Kommune auf und informieren Sie sich im Internet und Bekanntenkreis über mögliche Hilfsangebote von Experten (siehe Hinweise ab Seite 163).
- Bei Ihrem Kind wird die grundsätzliche Bereitschaft, den Dingen auf den Grund zu gehen und nicht nur für die Schule, sondern fürs Leben zu lernen, am besten *durch das Leben selbst* gefördert. Speziell Jugendliche strengen sich dann besonders an, wenn ihnen die Lern- und Leistungszuwächse im Alltag etwas bringen. Eine Sprache lernt man mit mehr Engagement, wenn man sich immer wieder einmal im betreffenden Sprachraum aufhält. Physik und Mathematik machen mehr Spaß, wenn man die Inhalte bei konkreten Alltagsproblemen tatsächlich nutzen kann. Das Interesse für Deutsch und Politik lässt sich durch weitergehende Lektüre und gemeinsame Gespräche und Diskussionen über politische und gesellschaftliche Geschehnisse wecken und verstärken. Gute Lehrerinnen und Lehrer werden dies in ihren jeweili-

gen Fächern berücksichtigen. Sie als Eltern können die Lehrkräfte bei dieser Art von Motivation unterstützen (siehe auch den Abschnitt zur Elternarbeit ab Seite 158).

Was Ihrem Kind hilft, in schulischen Zusammenhängen mehr Selbstbewusstsein zu zeigen

Um die Schulzeit erfolgreich zu bewältigen, braucht Ihr Kind ein gesundes Maß an Selbstbewusstsein, denn Schule ist immer auch ein Ort, wo es nicht nur um das individuelle Lernen, sondern zugleich um Behauptung, Auseinandersetzung und Vergleich geht. Kinder und Jugendliche suchen in den Klassen, Kursen und Lerngruppen auch Akzeptanz und Anerkennung. Viele von ihnen bringen die Grundvoraussetzungen mit, die es braucht, um sich im »Gestrüpp« der komplexen sozialen Beziehungen in der Schule nicht zu verlieren oder zu verletzen (z. B. durch übergriffiges Verhalten von Mitschülern oder Lehrkräften).

Während manche Schülerinnen und Schüler über ein geradezu grenzenloses Maß an Selbstbewusstsein zu verfügen scheinen, ist es gerade für die etwas unsichereren und zurückhaltenden Kinder und Jugendlichen oft schwer, sich zu behaupten, um z. B. die nötige Aufmerksamkeit und Anerkennung zu finden. Sofern sie nicht zu den geschätzten Leistungsträgern gehören, werden sie oft übersehen und übergangen – von Mitschülern leider ebenso wie von Lehrkräften. Letztere lassen sich häufig von den kommunikationsfreudigen Schülern einnehmen. Deren Meldungen und Unterrichtsbeiträge werden dann nicht selten über Gebühr angenommen und wertgeschätzt, haben dann mitunter »Vorfahrt«. Und auch bei Gruppenarbeiten, bei Lernprojekten und Ähnlichem tun sich oft die sehr selbstbewussten und sprachgewandten Schüler leichter. Entsprechend einfacher ist es unter Umständen für sie, gute Noten zu bekommen. Den stilleren und reservierteren Schülern bleibt dann nur der Leistungsnachweis im Rahmen der Tests und schriftlichen Arbeiten.

Ein gesundes Selbstbewusstsein ist aber auch wichtig, um sich selbst vor unangemessenen Anforderungen, vor Anfeindungen oder übergriffigem Verhalten zu schützen. So braucht es beispielsweise ein hohes Maß an Selbstsicherheit, um einem Mitschüler zu signalisieren, dass er sein unsoziales Verhalten einstellen soll, oder sich einer Lehrkraft zu widersetzen, die einem entschieden zu nahe kommt oder das Schamgefühl verletzt.

- Sie kennen Ihr Kind gut. Insofern wissen Sie, ob es zu den eher zurückhaltenden Schülern gehört oder nicht. Dennoch sollten Sie seinem schulischen Verhalten hin und wieder einmal nachgehen. Fragen Sie nach, ohne dass Ihr Kind sich dabei ausgehorcht oder verhört vorkommt. Fragen wie diese könnten den Auftakt für ein kurzes Gespräch darstellen: »Um welches Thema ging es denn heute im Deutschunterricht?«; »Was ist im Sportunterricht denn heute so los gewesen?«; »Gab es im Physikunterricht bei Herrn Meier irgendein interessantes Experiment?«; »Wer hat denn heute eure Bio-Projektarbeit vorgestellt?«; »Was hast du so gemacht?«

- Selbstbewusstsein kann man nicht einfach empfehlen oder gar verordnen. Insofern nutzt es eher wenig, dem eigenen Kind zu sagen, dass es sich im Unterricht oder in den Lerngruppen halt selbstbewusster verhalten solle. Was man aber durchaus tun kann, ist, dem eigenen Kind immer wieder deutlich zu machen, worauf es sich stützen und berufen kann. *Das Wachrufen und Mobilisieren der Stärken Ihres Kindes* kann mittelfristig dazu beitragen, dass es sicherer wird und sich mehr zutraut.

- Auch Leistungen und Fähigkeiten, die Ihr Kind außerhalb der Schule zeigt, können sein Selbstbewusstsein insgesamt stärken. Ob Judo- oder Tanzkurs, Flötenunterricht oder Engagement bei Greenpeace oder der Freiwilligen Feuerwehr – was Ihrem Kind Freude macht und Bestätigung vermittelt, kann sich auch auf das Verhalten in der Schule positiv niederschlagen. Ähnliches gilt für Auslandserfahrungen, die ein Kind etwa im Schüleraustausch sammeln kann.

- Überlegen Sie gemeinsam mit Ihrem Kind, welche *Strategien* im Einzelfall nützlich sein können, um in der Schule in Zukunft besser und anders wahrgenommen zu werden. Z.B. könnte sich Ihr Kind vornehmen, zunächst in einem Fach, in dem es sich sicher und kompetent fühlt, ein Referat zu halten oder die Ergebnisse einer Gruppenarbeit zu präsentieren. Sie können Ihr Kind auch dabei unterstützen, sein eigenes Verhalten in den Blick zu nehmen. Beispielsweise kann es sich einfach einmal merken (notieren), wie oft es sich im Unterricht gemeldet oder für angebotene Rollenaufgaben zur Verfügung gestellt hat (z.B. innerhalb einer

Gruppenarbeit, als Vormachende im Sport-, Musik- oder Kunstunterricht). Erfahrungsgemäß führt die *Selbstbeobachtung* als solche bereits zu einem veränderten Verhalten.

- Sprechen Sie mit der Klassenlehrerin oder dem Klassenlehrer über Ihre Beobachtungen und Wünsche. Vielleicht wird sich danach das Verhalten aller Beteiligten ändern. Ihr Kind wird jetzt vielleicht deutlicher wahrgenommen und bekommt häufiger eine Chance, auch in der nicht-schriftlichen Mitarbeit sein Können zu zeigen.

Wie Sie Ihr Kind motivieren, sich stärker am Schulleben zu beteiligen

Manche Eltern wünschen sich, dass ihre Kinder mehr am allgemeinen Schulleben teilnehmen und z. B. die außerunterrichtlichen Angebote in den Musik-, Theater- oder Sportgruppen aktiv nutzen. Vor allem, wenn die Kinder von Bekannten und Freunden dies mit Begeisterung tun, das eigene Kind sich aber diesbezüglich zurückhält, kann hier leicht ein familiäres Problem entstehen. Sie als Mutter oder Vater sind vielleicht enttäuscht, Ihr Kind wiederum will nicht in die Gruppe, spürt aber auch Ihre Enttäuschung – sicher kein kleines Dilemma, vor allem für die Kinder.

Tipps

- Überprüfen Sie zunächst einmal die eigenen Motive. Warum ist Ihnen ein außerunterrichtliches Engagement Ihres Kindes so wichtig? Möchten Sie seine besonderen Talente weiter fördern, wünschen Sie sich, dass Ihr Kind mehr Freunde hat, möchten Sie sich eventuell selbst im Glanz Ihres Kindes »sonnen«? Je nach Antwort lassen sich sicher unterschiedliche Möglichkeiten finden, mit dem Problem umzugehen.
- Auch wenn Sie als Eltern gerne mit Stolz auf Ihr Kind blicken wollen: Kinder sind keine »Erfüllungsgehilfen« bei der Verwirklichung Ihrer persönlichen Ziele. Und wenn Ihr Kind mit seiner schulischen Situation und Eingebundenheit überwiegend zufrieden ist, außerdem in seiner Freizeit genügend sonstige Kontakte pflegt (z. B. beim Sport) – warum sollte es dann noch weitere

Aktivitäten entfalten? Vielleicht schützt sich Ihr Kind auch vor weiteren Anforderungen und Belastungen, damit es beispielsweise die zentrale Aufgabe, in der Schule etwas zu lernen, besser bewältigen kann.

- Sicher ist gegen ein *»sanftes Schieben«* getreu dem Motto »Versuch's doch mal. Wenn es dir nicht gefällt, kannst du immer noch aufhören« nichts einzuwenden. Ab und an funktioniert diese Strategie auch, z. B. wenn ein befreundetes Kind motiviert werden kann, ebenfalls mitzumachen. Gemeinsam lassen sich bekanntlich auch Schwellen- oder Gruppenängste leichter überwinden.

Wie Sie Ihrem Kind helfen, sich selbst weniger unter Leistungsdruck zu setzen

Kinder und Jugendliche wollen quasi »von Natur aus« etwas leisten. Sie brauchen, wie alle anderen Menschen auch, das Gefühl, etwas zu können, etwas erreicht zu haben. Das macht stolz, kann Aufmerksamkeit und Anerkennung bringen sowie in der Folge jene positiven Gefühle auslösen, die Menschen benötigen, um beispielsweise immer tiefer in Interessensgebiete einzudringen.

Sicher ist aber auch, dass sich Kinder in ihrem inneren Antrieb und ihren Motiven unterscheiden. Daraus folgt, dass ihre *Leistungsbereitschaft* ganz unterschiedlich ausgeprägt sein kann. So mag sich ein Kind in bestimmten (auch privaten) Bereichen und Schulfächern bereits frühzeitig mit einer eher durchschnittlichen Leistung zufriedengeben, während ein anderes Kind mit einer solchen Leistung extrem unzufrieden ist. Es wird dann weitere Anstrengungen unternehmen, um seine Leistung zu verbessern.

Ist ein Kind allerdings übertrieben leistungsmotiviert, kann dies negative Folgen haben oder gar krank machen. Wenn ein Kind sich zu sehr unter Druck setzt oder gesetzt fühlt und sich selbst und seine Umwelt nur noch einseitig wahrnimmt, ist Vorsicht geboten. Anhaltspunkte für eine solche Situation können u. a. sein, dass das Kind keine Lust mehr hat, »einfach nur so« mit anderen Kindern zusammen zu sein und zu spielen, dass es sich vergräbt und nur noch büffelt, dass es über eine aus seiner Sicht schlechte Note schier verzweifelt, weil es immerzu ein »Sehr gut« erwartet. Aufmerksam werden sollten Sie auch dann, wenn Ihr Kind ständig über Leistungsvergleiche redet, und erst recht, wenn es mit Hilfe von Medikamenten seine Konzentrations- und Leistungsfähigkeit verbessern will. Die beschriebenen Symptome können allerdings auch Hinweise auf eine Prüfungsangst sein, die wiederum verschiedene Ursachen haben kann. Im Einzelfall ist daher eine Klärung durch Experten (z. B. den schulpsychologischen Dienst) anzuraten.

Tipps

- *Spornen Sie Ihr Kind dazu an*, etwas zu leisten, und fordern Sie seine Anstrengungsbereitschaft, Übungs- und Lernausdauer heraus. Dabei sollten jedoch niemals *nachhaltige Drucksituationen* entstehen. Behalten Sie im Auge, dass Leistung stets etwas Individuelles – und damit Relatives – ist. Insofern kann eine Klassenarbeit mit der Note »Befriedigend« beispielsweise eine hervorragende Leistung sein, wenn sich Ihr Kind wirklich angestrengt hat und z. B. mit schwierigen Lernvoraussetzungen klargekommen ist.
- Bedenken Sie stets die spezifischen bzw. persönlichen Möglichkeiten und Rahmenbedingungen, innerhalb derer Ihr Kind seine Leistungen erbringt. Vermeiden Sie es, Ihr Kind ständig mit anderen Kindern zu vergleichen oder immer zuerst in Notenkategorien zu denken.
- Sofern sich Ihr Kind hinreichend anstrengt, sollten Sie die erzielten Zensuren gelassen betrachten. Entlasten Sie sich – und damit Ihr Kind – von dem Druck, dass nur ein Einser-Abitur wirkliche Zukunftschancen offeriere. Unser (europäisches) Bildungssystem bietet vielfältige Möglichkeiten für eine qualifizierte Ausbildung oder ein Studium. Achten Sie statt auf exzellente Noten darauf, dass Ihr Kind nicht die grundsätzliche Bereitschaft zum Lernen verliert und dass es zudem emotional und sozial gut eingebunden ist. Ermutigung ist allemal besser als Druck.
- Lernt Ihr Kind aus eigenem Antrieb heraus gern? Wunderbar. Aber nur so lange, wie das Kind selbst damit zurechtkommt und sich auch die entsprechenden Leistungen »wie selbstverständlich« einstellen. Wenn Sie beobachten, dass Ihr Kind zunehmend verkrampfter wird, dass es Angst hat zu versagen oder vor lauter Lernen andere Verpflichtungen stark vernachlässigt, ist Ihr Eingreifen gefordert. Dies gilt erst recht, wenn Ihr Kind sich selbst

schädigt oder zu *unzulässigen Mitteln* greift (Stichwort: Medikamente, »Gehirndoping«). Beobachten Sie also das Verhalten Ihres Kindes, und suchen Sie ggf. rechtzeitig das Gespräch. Teilen Sie Ihrem Kind Ihre Sorgen mit und beteiligen Sie es an einer Lösungssuche.

Wie Ihr Kind schulischen Verpflichtungen nachkommt und sich den Anforderungen stellt

Schüler (und ihre Eltern) sind dazu verpflichtet, die schulisch festgelegte Bildungs- und Erziehungsarbeit nach Kräften zu unterstützen – darauf wurde an anderer Stelle bereits hingewiesen. In aller Regel geschieht dies auch, denn schließlich wollen die Kinder ja selbst in der Schule klarkommen und den gewünschten Abschluss erreichen. Dennoch kommt es immer wieder vor, dass sich Kinder oder Jugendliche den schulischen Anforderungen entweder durchgängig oder in einzelnen Fächern bzw. Situationen nicht stellen wollen. Nahezu jedes Kind hat gelegentlich keine Lust auf die Schule oder ist vorübergehend »schulmüde«. Das ist an sich noch nicht beunruhigend. Hellhörig werden und reagieren sollten Eltern aber spätestens bei folgenden Verhaltensweisen:

- Das Kind schwänzt die Schule.
- Das Kind schiebt wiederholt die »berühmten« Bauchschmerzen oder andere Krankheiten vor, um nicht in die Schule zu müssen.
- Das Kind schimpft durchgängig über bestimmte Lehrer, lehnt ein Lernen in einzelnen Fächern erkennbar ab, macht in diesen Fächern keine Hausaufgaben mehr, nimmt kein Unterrichtsmaterial mehr mit in die Schule usw.
- Das Kind erzählt nichts mehr über die Schule, wirkt in sich gekehrt.
- Das Kind möchte sich mit anderen Kindern nicht mehr für den gemeinsamen Schulweg verabreden.

Tipps

- Behalten Sie Ihr Kind während der Schulzeit durchgängig im Blick. Machen Sie sich klar, dass auch die gescheitesten und zuverlässigsten Kinder in Schwierigkeiten geraten können.
- Verhält Ihr Kind sich anders als gewohnt, wenn auch vielleicht nur geringfügig? Dann seien Sie besonders aufmerksam, damit Sie

ggf. rechtzeitig reagieren können. Kleinere Probleme erledigen sich bekanntlich manchmal von selbst. Und Ihr Kind wächst heran, entwickelt und verändert sich. Insofern ist nicht jede Veränderung – z. B. im Freundeskreis Ihres Kindes, bei seinen Interessen – gleich Anlass zur Besorgnis. Wenn allerdings solche Veränderungen mit anderen Symptomen zusammenfallen, sollten Sie der Sache nachgehen und mit Ihrem Kind sprechen. Dazu brauchen Sie viel Empathie. Erfahrungsgemäß ist es sinnvoll, eigene Beobachtungen zunächst nur zu schildern (»Mir ist aufgefallen, dass …«), das Kind dann erzählen zu lassen und selbst aktiv zuzuhören. Im weiteren Verlauf des Gesprächs kann man die eigenen Sorgen äußern und gemeinsam nach Lösungen suchen.

- Weiter oben habe ich schon darauf hingewiesen, dass Partner- oder Familienkonflikte, schwerwiegendere Schicksalsschläge im privaten wie schulischen Umfeld, Ausgrenzung, Mobbing oder gar körperliche Gewalt gegen Ihr Kind eine mögliche Ursache für schlechtere Schulleistungen sein können. Etwas Derartiges sollten Sie *in Ruhe mit dem Klassenlehrer besprechen* und dann gemeinsam Wege und Strategien finden, damit umzugehen. Zieht Ihr Kind sich dauerhaft zurück, sollten Sie auf alle Fälle professionelle Hilfe in Anspruch nehmen (siehe Hinweise ab Seite 163).
- Geht Ihr Kind nicht gern zur Schule, weil es gemobbt wird, sollten Sie gemeinsam mit ihm und ggf. auch dem Klassenlehrer überlegen, wie am besten vorgegangen werden kann. Im Kapitel *Konfliktstrategien im Umgang mit fremden Kindern* finden Sie zu diesem wichtigen Thema genauere Hinweise.

Was Ihr Kind motiviert, im Unterricht aufmerksam mitzuarbeiten und nicht zu stören

Wenn Schüler dem Unterricht hin und wieder nicht aufmerksam folgen oder stören (z. B. durch Zuspätkommen, Gespräche mit dem Tischnachbarn, kleinere Regelverletzungen usw.), ist dies sicher normaler Schulalltag. Nehmen solche Störungen aber überhand und ist der Fortgang des Unterrichts gefährdet, so werden sich (vor allem) die Lehrkräfte mit Recht zur Wehr setzen, in der Regel mit Hilfe der einschlägigen Erziehungsmaßnahmen: mündliche Ermahnungen, Klassenbucheintrag, kurzzeitiger Verweis aus dem Klassenraum, Nachsitzen, erzieherische

Einzelgespräche (auch mit den Eltern) usw. Falls diese Maßnahmen nicht greifen, wird die Schule die obligatorischen Ordnungsmaßnahmen einleiten (schriftliche Ermahnung, Klassenkonferenz etc.). Diese Unannehmlichkeiten sollte Ihr Kind sich selbst, der Lehrkraft und auch Ihnen als Eltern ersparen.

Störungen des Unterrichts können von allem und jedem ausgehen: Meist ist der Grund, dass die Schülerinnen und Schüler sich langweilen oder aber überfordert sind. Manchmal werden auch Geplänkel und Machtkämpfe zwischen Schülern während des Unterrichts ausgetragen. Häufig sind aber auch einfach schwach entwickelte emotionale und soziale Kompetenzen bei einzelnen Schülerinnen und Schülern die Ursache. Unzureichende Konzentrationsfähigkeit, mangelnde Empathie, Lernausdauer und Selbstkontrolle entladen sich dann im Unterricht in Form von Störungen. Leider sehen viele Lehrkräfte nur die letztgenannten Ursachen für Unterrichtsstörungen und weisen einen Zusammenhang mit ihrer Art zu unterrichten von sich. Oft fühlen Lehrerinnen und Lehrer sich durch Unterrichtsstörungen auch persönlich angegriffen.

Tipps

- Ihr Kind muss lernen, sich auch dann ruhig und diszipliniert zu verhalten, wenn es selbst einmal unter- oder überfordert ist und keine Lust auf Lernen hat. Machen Sie ihm dazu zwei Dinge klar: Erstens, dass es selbst dem besten Lehrer nicht gelingen kann, einen durchgängig interessanten, spannenden und lehrreichen Unterricht für alle anzubieten. Selbst bei größtmöglicher Anstrengung ist es kaum möglich, den Unterricht so zu gestalten, dass er in jeder Stunde zu jedem einzelnen Schüler passt. Zweitens ist wichtig, dass Ihr Kind die Fähigkeit erwirbt, mit eigenen Gefühlen, Missbehagen und Frustration so umzugehen, dass andere davon nicht beeinträchtigt werden. *Der Lehrer, die Lehrerin hat ein Anrecht darauf, in Ruhe unterrichten zu können,* die Mitschüler ein Anrecht darauf, in Ruhe lernen zu können. Im Zweifelsfall muss Ihr Kind »gute Miene zum bösen Spiel machen«. Vielleicht können Sie Ihrem Kind ein paar Tricks verraten, wie Sie das früher in der Schule selbst geschafft haben?
- Je nach Reifegrad und Alter des Kindes können Sie gemeinsam mit ihm auch einmal überlegen, wie es gelingen kann, die Lehrerin so darauf hinzuweisen, dass im Unterricht etwas schiefläuft,

dass sie sich nicht persönlich angegriffen fühlt. Wichtige Tipps hierzu finden Sie in Kapitel 8 (Seite 129 ff.).

- Nicht immer äußern sich Enttäuschung und Frustration von Schülern in gut wahrnehmbaren Unterrichtsstörungen. Manche Kinder zeigen auch auf andere Weise, dass es ihnen im Unterricht nicht gut geht: *Sie ziehen sich zurück, sondern sich ab, resignieren.* Solche Signale werden Sie als aufmerksame Eltern in der Regel auch bemerken, z. B. wenn Ihr Kind in einem Fach, in einem Stoffgebiet nicht mitkommt. Auch wenn der geräuschlose Rückzug andere nicht beeinträchtigt, muss hier natürlich für Abhilfe gesorgt werden, damit Ihr Kind nicht weiter leidet und sich die Situation noch verschlimmert. Gemeinsam mit dem Kind und der Klassenlehrerin sollten Sie in Ruhe überlegen, was zu tun ist. Neben zusätzlichen Lernunterstützungen kann am Ende auch die Frage stehen, ob die aktuelle Schulform oder Schule für Ihr Kind die richtige ist.

- Vereinzelt kann es passieren, dass Ihr Kind von erzieherischen Maßnahmen mitbetroffen ist (z. B. im Rahmen von Kollektivstrafen für die ganze Klasse), obwohl es für die Unterrichtsstörungen nicht ursächlich verantwortlich, sondern eher »Mitläufer« war. Vielleicht wurde es durch andere Schüler »angesteckt«, und/oder die Unterrichtsstörung ist eindeutig darauf zurückzuführen, dass es dem Lehrer, der Lehrerin nicht gelingt, die Situation im Klassenraum zu steuern. Solche Situationen können für Ihr Kind zu einem Dilemma werden, z. B. weil es einerseits Mitschüler nicht »verpetzen« will, sich andererseits aber auch nicht der Lehrkraft gegenüber respektlos verhalten will. Auch bei solchen Konflikten sollte man im Hinterkopf behalten, dass man andere Menschen (z. B. Mitschüler) nicht verändern kann (das müssen diese schon selbst tun!). Es ist daher klüger, sich einmal mehr auf das eigene Verhalten und die Rahmenbedingungen des Handelns zu konzentrieren und ggf. hier etwas zu verändern. Was in der Situation konkret getan werden kann, hängt vor allem vom Reifegrad und der Selbstsicherheit Ihres Kindes ab. Eine Oberstufenschülerin hat andere Möglichkeiten als eine Grundschülerin. Vielleicht kann Ihr Kind mit seinen Schulfreunden darüber sprechen, was ihm in den problematischen Situationen hilft und was es gar nicht mag. Möglicherweise möchte es auch gemeinsam mit seinen Freunden überlegen, wie es in der Klasse weitergehen kann, ohne dass sich die Situation noch verschärft. Denken Sie als Vater und Mutter daran, dass auch sozial kompetente und selbstbewusste Kinder nicht wie Erwachsene auftreten können, zumal sie in einem Abhängigkeitsverhältnis zur Lehrkraft stehen. Insofern ist es auch Aufgabe der Erwachsenen, sich bei gravierenderen Konflikten einzumischen und aktiv an der Konfliktlösung mitzuarbeiten.

Wie Sie Ihr Kind motivieren, Wertschätzung für die Mitschülerinnen und Mitschüler sowie Respekt gegenüber Lehrkräften zu zeigen

Schulklassen oder Kurse sind in der Regel Zweckgemeinschaften: Man ist zusammen, weil es sich so ergeben hat oder weil es der Anlass so will. Aber gerade in solchen Gruppen sind funktionierende Beziehungen enorm wichtig. Sie sind eine Voraussetzung dafür, dass das gemeinsame Arbeiten und Lernen gelingt. Denken Sie beispielsweise an alle kooperativen Lern- und Arbeitsprozesse, wo man sich beim Lernen gegenseitig unterstützen muss oder gemeinsam den Dingen auf den Grund geht, an Partner- und Gruppenarbeiten, an Projekte und die vielen anderen Gelegenheiten zur konstruktiven Zusammenarbeit.

Ihr Kind muss nicht mit allen Mitschülern gut Freund sein, um gemeinsam mit ihnen lernen zu können; es sollte ihnen aber mit Wertschätzung und Toleranz begegnen. Und Lehrerinnen und Lehrern steht allein aufgrund ihres Amtes ein gewisser *Respekt* zu. »Respekt« ist hier im Sinne von Anerkennung und Ansehen zu verstehen und nicht mit Ehrfurcht oder Demut zu verwechseln. Folgerichtig müssen sich Schüler von ihren Lehrer auch nicht alles bieten lassen. Respektvolles Verhalten kann eben auch sein, sich der Lehrkraft gegenüber ehrlich und offen zu verhalten und sie z. B. rechtzeitig auf Widersprüche, Probleme, ungerechtes, auch grenzüberschreitendes Verhalten etc. hinzuweisen.

Tipps

• Wertschätzung und Respekt müssen Kinder selbst erfahren haben, um sich ihrerseits in ähnlicher Weise verhalten zu können. Achten Sie also auf einen fairen und freundlichen Umgang miteinander innerhalb der Familie, mit Freunden, aber auch Fremden gegenüber.

- *Empathie* spielt eine Schlüsselrolle bei der Entwicklung von sozialer Kompetenz. Üben Sie daher mit Ihrem Kind immer einmal wieder, die Perspektive anderer Menschen einzunehmen (»Was glaubst du, wie fühlt XY sich jetzt?« – Wie würdest du dich fühlen, wenn ...?«)
- Sprechen Sie mit Ihrem Kind darüber, dass selbst die schlechteste Lehrkraft es nicht verdient, dass man sie menschenverachtend behandelt, z. B. verunglimpft, bloßstellt, beschimpft oder mobbt. Leider finden sich vor allem in Internetforen immer wieder Auswüchse dieses inakzeptablen Verhaltens.

7. Konfliktstrategien im Umgang mit fremden Kindern

Sie als Eltern haben natürlich ein großes Interesse daran, dass sich Ihr Kind in der Schule gut aufgehoben und wohl fühlt. Dazu gehört auch, dass es seinen Platz in der Gemeinschaft findet. Darum wünschen Sie sich als Mutter oder Vater bei der Bildung von Klassen (vor allem in der Grundschule) eine möglichst optimale Zusammensetzung der Gruppe. Und weil jeder von uns aus Erfahrung weiß, wie wichtig Klassenlehrerinnen bzw. -lehrer für das Zusammenwachsen einer guten Lerngemeinschaft sind, hofft man darüber hinaus, die auch diesbezüglich bestmögliche Lehrkraft zu erwischen.

Die Schulzeit bringt es nun aber mit sich, dass Kinder in wechselnden Lerngemeinschaften und Kursen immer wieder ihren Platz suchen und finden müssen. Das ist spannend und auch erzieherisch wertvoll, kann aber durchaus anstrengend und konfliktreich sein. Schließlich muss Ihr Kind sich in den verschiedenen Gruppen einerseits immer wieder neu selbst finden, andererseits anpassen. Solche Gruppenprozesse kommen fast nie ohne die bekannten Machtspielchen aus: Wer ist der oder die Beste, die Schönste oder der Stärkste, wer wird eher Mitläufer und wer bestimmt, wo's langgeht? Auch bei der Leistungsbewertung und Notengebung oder gar beim »Kampf« um die entscheidenden Abiturpunkte liegt es nahe, dass Schülerinnen und Schüler sich auch konkurrenzorientiert verhalten. Solange sie sich mit fairen Mitteln auseinandersetzen, ist das nicht weiter bedenklich. Wird der Wettkampf um Anerkennung und Aufmerksamkeit allerdings unfair, rücksichtslos oder gar gewalttätig ausgetragen, ist Gegenwehr angesagt.

Im Folgenden möchte ich vier Konfliktbereiche näher betrachten, die von der Sachlage her sehr verschieden sind und Ihr Kind in unterschiedlicher Weise belasten können:

- Mitschülerinnen verschaffen sich auf unfaire Weise Vorteile.
- Mitschüler bestimmen, was »cool« ist.
- Ihr Kind findet kaum Kontakt, wird zum Außenseiter.
- Ihr Kind wird gemobbt.

Während die ersten beiden Sachverhalte noch als relativ harmlos einzustufen sind, stellen die beiden letztgenannten Punkte echte Notlagen dar. Sie sollten in ihrer Wirkung nicht unterschätzt und nicht auf die leichte Schulter genommen werden.

Was getan werden kann, wenn sich Mitschüler auf unfaire Weise Vorteile verschaffen

Im Schulleben gibt es immer wieder Anlässe und Aufgaben, bei denen die Schülerinnen und Schüler gemeinsam handeln und die Ergebnisse dann auch gemeinsam verantworten müssen. Beispielsweise muss der Klassenraum vor dem Verlassen ordnungsgemäß gesäubert werden, oder nach dem Sportunterricht müssen alle gemeinsam abbauen und aufräumen. Auch bei der Arbeit in Projektgruppen oder der Organisation von Exkursionen und Klassenfahrten kommt es darauf an, dass die Kräfte gebündelt werden und jeder sein Bestes gibt. Leider entziehen sich erfahrungsgemäß einzelne Schülerinnen und Schüler solchen Aktivitäten zu Lasten derjenigen, die sich engagieren. Schlimmstenfalls lassen die wenig Engagierten beispielsweise bei Gruppenarbeiten die anderen machen, um dann anschließend die Präsentation der Ergebnisse zu übernehmen.

Insbesondere beim Erfassen der individuellen Leistungen und bei der Notengebung sind Lehrerinnen und Lehrer auf die Mithilfe und Ehrlichkeit der Schülerinnen und Schüler angewiesen. Schließlich ist es bei Gruppenarbeiten, Projekttagen, Partnerreferaten usw. kaum möglich, die Leistungen der einzelnen Schülerinnen individuell zuzuordnen und dann entsprechend zu bewerten.

Muss Ihr Kind immer wieder für andere »die Kohlen aus dem Feuer holen«, oder wird es mit seinen erbrachten Leistungen nicht hinreichend gewürdigt? Dies ist zunächst einmal ein Problem, das die Lehrkraft zu lösen hat. Sie muss schließlich das Verhalten der einzelnen Schülerinnen und Schüler hinreichend beobachten, bei Projekten oder Gruppenarbeiten Unterlagen, ggf. auch Arbeitsberichte einsehen. Sie muss auch darauf hinwirken, dass die einzelnen Gruppenmitglieder ehrlich mit sich und den Mitschülern umgehen. Das gelingt aber nicht immer. Wenn sich regelmäßig Ungerechtigkeiten einstellen, von denen Ihr Kind unmittelbar betroffen ist, wird es sich zu Recht ohnmächtig fühlen, weil es an der Sachlage auf den ersten Blick kaum etwas ändern kann, ohne z. B. Mitschüler »in die Pfanne zu hauen« und womöglich von diesen und sogar der Lehrkraft als »Petze« oder »Schleimer« verunglimpft zu werden – ein Dilemma, dem nur schwer beizukommen ist.

Tipps

- Auch wenn es hart klingt: Grundsätzlich muss Ihr Kind lernen, *Ungerechtigkeiten bis zu einem gewissen Grad auszuhalten* und konstruktiv damit umzugehen. Ungerechtigkeiten gibt es nicht nur in der Schule, sondern auch in anderen Bereichen des Lebens, und Ihr Kind wird damit mutmaßlich immer wieder einmal in Berührung kommen. Das einzusehen fällt einem Grundschulkind naturgemäß schwer. Dennoch kann man auch sehr junge Kinder dazu anleiten, mehr auf sich selbst und die hinter der erbrachten Leistung stehenden Bemühungen und Erfolge zu blicken. So entwickelt sich ein *persönlicher Maßstab* für das eigene Handeln und die Leistung, die man erbringt. Gleichwohl sollten Sie als Vater oder Mutter die Leistungen Ihres Kindes hinreichend würdigen – erst recht, wenn der Lehrer dies nicht tut.
- Wenn Ihr Kind Ungerechtigkeit erlebt, sollten Sie es ermutigen, die Dinge selbst in die Hand zu nehmen. Sie fördern damit auch seine *Konfliktfähigkeit*. Konflikterfahrungen macht es nämlich nur, wenn es die Konflikte auch aktiv angeht. Zeigen Sie Ihrem Kind, wie es dabei vorgehen und mit anderen kommunizieren kann. Z. B. könnte es zunächst mit den betreffenden Schülern und nicht sofort mit der Lehrkraft sprechen. Dabei sollte es seine Wünsche klar äußern, nicht »drumherum reden«. Den Mitschülerinnen sollte danach etwas Zeit eingeräumt werden, damit sie die Dinge verarbeiten und dann selbst zurechtrücken können. Aber Ihr Kind sollte auch deutlich machen, dass es eine solche Reaktion ausdrücklich erwartet.

- Bleiben die Mitschülerinnen und Mitschüler weiterhin »ungerührt«, kann Ihr Kind die Lehrkraft bitten, zumindest bei zukünftigen Projekten oder Gemeinschaftsaufgaben keine Zufalls-, sondern Neigungsgruppen einzurichten. Dann ist die Chance größer, dass die Gruppenmitglieder sich fair verhalten.
- Im Rahmen der Leistungsbewertung und Notengebung kann Ihr Kind die Lehrkraft bitten, sich noch einmal seine persönlichen Aufzeichnungen und Materialien anzuschauen. Bei einem solchen Gespräch sollte es der Lehrkraft erklären, dass es ihm nicht darum geht, die Leistungen der Mitschülerinnen und Mitschüler herabzusetzen, sondern anschaulich zu machen, was es selbst geleistet hat.
- Ändert sich an der ungerechten Behandlung Ihres Kindes dauerhaft nichts, so sollten Sie als Vater oder Mutter ein Gespräch mit dem Klassen- oder Fachlehrer führen und auf den Missstand und seine Auswirkungen hinweisen.

Wie man am besten reagiert, wenn Mitschüler bestimmen, was »cool« ist

Schule ist immer auch ein Ort, wo sich Werte, Normen und Trends zeigen, entwickeln und wieder ändern. Hier gedeihen eigene Schülersprachen, entwickeln sich Rituale, Regeln und Rollen. Die Schülerinnen und Schüler suchen dabei ihren eigenen Weg und gleichzeitig immer auch die Zugehörigkeit und den Halt in einer Gruppe. Die Erfahrung des »Dabeiseins« ist für Kinder und Jugendliche wichtig. Nur wenige entwickeln schon früh ein Selbstbild, das ihnen ermöglicht, sich vom Gruppendruck freizumachen.

Vor allem Freizeitaktivitäten, Internetpräsenz und Handybesitz spielen eine wichtige Rolle, um »dabei zu sein«. Aber auch die Kleidung und wie man sich darstellt, kann von enormer Bedeutung sein. »Cool«, »in«, »echt krass« sein … diesem Wunsch kann man sich als Schüler und Schülerin wohl kaum entziehen. Kritisch wird es, wenn man der geltenden Norm nicht entsprechen kann und/oder will und daraufhin ausgegrenzt wird. Kinder und Jugendliche leiden stark unter einer solchen Situation. Dazu zwei Beispiele:

Beispiel 1:
Matthias geht auf eine Realschule. Er ist vom Gymnasium dorthin ge-
wechselt, weil er vor allem in den Sprachen einige Lernschwierigkeiten
hatte. Matthias ist ansonsten ein vorbildlicher Schüler: fleißig, gewissen-
haft, zuverlässig, auch ehrgeizig. Speziell an naturwissenschaftlichen Inhalten zeigt er sich interessiert und erzielt in diesen Fächern auch sehr
gute Leistungen. In seiner neuen Klasse führen aber einige Schüler (vor
allem Jungs) das Regiment. Sie glauben, bestimmen zu können, welchen
»Standards« Matthias sich nun zu unterwerfen hat. Und ihr Credo lautet: Cool ist hier bei uns, wer nur das Nötigste tut. Interesse am Stoff
zeigen und Hausaufgaben machen, das ist unerwünscht. Diese Botschaft
bringen sie Matthias nun unmissverständlich nahe. Er wird bedrängt
und aufgefordert, weniger zu lernen und zu leisten. Bald resigniert Matthias, am liebsten möchte er nicht mehr in die Schule gehen.

Beispiel 2:
Miriam ist Schülerin der Klasse 8 eines Gymnasiums. Dort sammeln
sich vor allem Schülerinnen und Schüler aus wohlhabenden Familien.
Viele Mitschüler glänzen u. a. dadurch, dass sie in Sachen Kleidung,
Handys und dergleichen immer die neuesten und angesagtesten Pro-
dukte vorzuweisen haben. Bei Miriam ist das anders. Schließlich muss
das Familieneinkommen auch für zwei weitere Geschwister reichen. Weil
in der Familie ohnehin andere Werte gelten, spielen Mode und neue Medien nur am Rande eine Rolle. Die Situation verschärft sich für Miriam,
als eine neue Schülerin in ihre Klasse kommt, sich ihrer Mädchenclique
anschließt und dort bald beginnt, mit ihrer Kleidung und ihren Kaufge-
wohnheiten die ohnehin schon heikle Gesamtsituation weiter anzuhei-
zen.

Tipps

- Zeigen Sie Interesse an den allgemeinen Entwicklungen an der
  Schule und in der Klasse Ihres Kindes. Unterhalten Sie sich mit
  Ihrem Kind über das, was gerade »angesagt« ist und über die
  Atmosphäre in seiner Klasse. Zugegeben: Das ist eine Gratwan-
  derung, denn Kinder dürfen auch Geheimnisse haben und brau-
  chen einen Bereich für sich, in dem Eltern nichts zu suchen haben.
- Wenn Sie den Eindruck gewinnen, dass Ihr Kind in der Schule
  einem gewissen Druck ausgesetzt ist, so finden Sie im Gespräch

heraus, was das Grundproblem ist und überlegen Sie gemeinsam mit Ihrem Kind, welches Verhalten möglich und sinnvoll wäre. In Matthias' Beispiel wäre es sicher nötig, das Problem mit dem Klassenlehrer oder der Klassenlehrerin anzusprechen. Aber Achtung: Manche Lehrer verschärfen Probleme für Kinder noch dadurch, dass sie die Klasse pauschal mit Vorwürfen oder Appellen konfrontieren. In der Folge muss das Kind dann eventuell mit verschärften Attacken der betreffenden Mitschüler rechnen.

- Wenn Sie bestimmten *Trends nicht bedingungslos folgen* wollen oder können, dies auch selbst zu Hause und im Bekanntenkreis vorleben, hat Ihr Kind zunächst einmal ein Wertegerüst, das ihm Halt und Sicherheit bietet. Dennoch wird es seinen eigenen Lebensweg gehen wollen und müssen. Dazu gehört auch das Suchen, Ausprobieren und Sich-Abgrenzen. Die zeitweilige Annäherung und Anpassung an die wichtigsten Normen der Gruppe der Gleichaltrigen ist Teil dieses Entwicklungsprozesses. Seien Sie hier nicht zu rigide und bemühen Sie sich um Kompromisse. In Miriams Beispiel etwa ist es durchaus denkbar, dass Miriam sich zu bestimmten Anlässen (z. B. zum Geburtstag oder zu Weihnachten) jene Dinge wünschen kann, die ihr aktuell so viel bedeuten.

- In ökonomischen Zusammenhängen müssen Kinder lernen, dass nicht immer »alles geht«. Machen Sie Ihrem Kind immer wieder klar, dass es im Leben *Werte* gibt, die sich *nicht mit Geld aufwiegen* lassen, und dass diese Werte letztlich bedeutsamer sind als Besitz und Prestige: z. B. anderen Aufmerksamkeit und Zeit schenken, mit ihnen gemeinsam etwas erleben, das so nicht wiederholbar ist. Wie Ihr Kind sein Selbstbewusstsein grundsätzlich entwickeln und steigern kann, kam weiter oben schon einmal zur Sprache.

- Nicht hinnehmbar ist es, wenn Kinder und Jugendliche, nur um dazuzugehören, sich selbst oder Dritte massiv gefährden oder gar eine Straftat begehen. *Gefährliche Mutproben, Ladendiebstahl, die Einnahme von Drogen* und alle Formen von Mobbing gegenüber Mitschülerinnen und Mitschülern sind keine Bagatellen oder Jugendsünden! Sollten Sie mitbekommen, dass Ihr Kind an solchen Aktivitäten beteiligt ist, so fordern Sie es unmissverständlich auf, damit aufzuhören. Unter Umständen müssen Sie professionelle Hilfe in Anspruch nehmen.

Was zu tun ist, wenn Ihr Kind kaum Kontakt findet oder zum Außenseiter wird

Jeder Mensch ist auf soziale Kontakte und gute Beziehungen zu anderen angewiesen. Aber nicht jedes Kind benötigt umfassende und tiefergehende Beziehungen zu seinen Mitschülern in der Klasse, um sich in der Schule und im Unterricht wohlzufühlen. Denn Kinder sind unterschiedlich kommunikativ. Es kann also völlig normal sein, wenn beispielsweise das Kind von Bekannten sehr viele Kontakte und Freunde in der Schule hat, während Ihr eigenes Kind sich nur gelegentlich mit einem oder zwei Schulkameraden trifft. Vor allem älteren Schülerinnen und Schülern reicht oft schon das Gefühl, Teil einer Zweckgemeinschaft zu sein und von dieser grundsätzlich akzeptiert zu werden.

Dennoch ist es für die große Mehrheit der Schüler – vor allem für jüngere Kinder – wichtig, über gute Kontakte oder Freundschaften in der Klasse zu verfügen. Die vielen Stunden, die man bei schulischen Aktivitäten gemeinsam verbringt, erleben sie als schöner und wertvoller, wenn sie ihre Erfahrungen mit jemandem teilen können, den sie mögen. Auch das Lernen funktioniert besser und nachhaltiger, wenn es in einer guten Atmosphäre stattfindet und von positiven Gefühlen begleitet ist. Das belegen jedenfalls die Erkenntnisse der Gehirnforschung.

Nun ist es sicher ein Unterschied, ob ein Kind geringfügige Kontaktschwierigkeiten hat, etwa, weil es noch neu in einer Klasse ist oder weil es eher zurückhaltend ist und andere erst »auf den zweiten Blick« für sich gewinnt, oder ob es zum Außenseiter in einer Klasse wird und die Mitschüler durchgängig den Kontakt zu ihm meiden. Wenn Eltern Letzteres feststellen müssen, macht ihnen dies in der Regel sehr zu schaffen – umso mehr, als man die anderen Kinder oder Jugendlichen ja nicht ohne weiteres dazu bringen kann, ihr Verhalten zu ändern.

Dafür, dass ein Kind in der Schule zum Außenseiter wird, kann es verschiedene Gründe geben. Eine wesentliche Rolle spielt, dass Kinder und Jugendliche häufig nicht sonderlich tolerant sind, wenn jemand ihren Normen nicht entspricht. Dass auch jemand, der anders ist als sie selbst, dennoch ganz normal sein kann, erschließt sich ihnen nicht ohne Weiteres. Behinderungen, Verhaltensauffälligkeiten, ungewöhnliches Aussehen, mangelnde Hygiene, seltene Hobbys, überdurchschnittliche Intelligenz, eine Hochbegabung oder besondere Sensibilität, altmodische Kleidung, übergroßes Bemühen dem Lehrer gegenüber und vieles andere mehr kann jeweils für sich genommen Anlass sein, um ein Kind in die Außenseiterrolle geraten zu lassen.

In manchen Fällen tragen Kinder selbst dazu bei, die Außenseiterposition noch zu verstärken, indem sie sich betont anders geben oder auf die Ausgrenzung mit besonders aggressivem Verhalten gegenüber anderen oder sich selbst reagieren. Auch überängstliche Kinder werden oft ausgegrenzt. Unbestritten ist, dass jene Kinder, die über genügend Selbstbewusstsein sowie die nötigen sozialen Fähigkeiten verfügen, seltener zum Außenseiter in einer Klasse werden. Dennoch sind auch sie davor nicht ganz gefeit. Wie kann man nun seinem Kind helfen? Was kann es selbst tun?

Tipps

- Am besten ist natürlich, wenn Ihr Kind erst gar nicht in diese Situation hineingerät. Eine wichtige Voraussetzung dafür ist ein positives Selbstkonzept. Was Sie tun können, um es zu fördern, wurde bereits weiter oben ausführlich beschrieben.
- Zum Außenseiter wird ein Kind nicht über Nacht. Solche Dinge entwickeln sich über einen längeren Zeitraum und deuten sich in der Regel an. Sie als Eltern kennen Ihr Kind am besten und werden spüren, wenn etwas nicht so läuft, wie Sie sich das für Ihr Kind wünschen. *Wenn Ihr Kind unglücklich wirkt,* sich mehr und mehr verschließt, keine Freunde mit nach Hause bringt, auch nicht von anderen Kindern eingeladen wird, so können dies Anzeichen dafür sein, dass es zum Außenseiter zu werden droht. Suchen Sie zunächst das Gespräch mit Ihrem Kind. Es weiß in der Regel, wo die Gründe für sein Problem liegen und hat möglicherweise auch selbst Ideen, was zu seiner Lösung getan werden könnte. Auch ein Gespräch mit der Klassenlehrerin kann weiterhelfen. Vielleicht schafft sie es ja, das soziale Miteinander zum durchgehenden Unterrichtsprinzip zu machen und die Schüler z. B. öfters in wechselnden Partner- oder Arbeitsgruppen lernen zu lassen. In manchen Schulen sind spezielle Unterrichtsstunden zum Sozialtraining vorgesehen. Die darin eingebetteten Spiele und Aktivitäten können ebenfalls das Eis brechen und zu mehr Toleranz in der Klasse führen.
- Achten Sie mit darauf, dass Ihr Kind den Prozess der Ausgrenzung nicht selbst noch verstärkt. Sorgen Sie für eine gesunde

Ernährung, ausreichend Bewegung und Sport, vernünftige Hygiene und alters- sowie zeitgemäße Kleidung. Das muss keine teure Markenkleidung sein.

- Oft sind gerade *Außenseiter ganz besondere Kinder.* Sie als Eltern können Ihrem Kind dies ab und an signalisieren – aber so, dass Ihr Kind sich nicht hinter seiner »Besonderheit« verschanzt, sondern dennoch lernt, auf andere zuzugehen und ihre Sympathie zu gewinnen. Gelingt dies, spricht nichts dagegen, dass es in der Schule seinen Weg machen wird. Und ein »Außenseiter« ist allemal besser als ein völlig angepasster Schüler, der seine komplette Energie darauf verwendet, möglichst gut bei den anderen anzukommen.

Wie Sie helfen können, wenn Ihr Kind gemobbt oder in Mobbing-Situationen verwickelt wird

Schüler streiten sich immer wieder mal – das ist völlig normal. Anlässe gibt es viele, und je nach Situation und Sozialkompetenz der Beteiligten verlaufen solche Streitereien auch gelegentlich etwas heftiger. Rangeleien und Machtkämpfe können manchmal durchaus auch zu kleineren körperlichen Auseinandersetzungen werden oder zu verbalen Attacken führen. Das ist für die in der konkreten Situation Unterlegenen nicht sonderlich angenehm, löst sich aber in der Regel bald wieder auf. An vielen Schulen werden einzelne Schüler inzwischen zu Streitschlichtern ausgebildet und können insbesondere bei verhärteten Konflikten eingreifen.

Völlig anders verhält sich die Situation beim Mobbing: Hier tragen nicht einzelne Schülerinnen und Schüler wechselseitig und auf Augenhöhe ihre Streitereien aus, sondern bestimmte Schüler sind durchgängig in der Rolle des Opfers und werden von einem oder mehreren anderen systematisch drangsaliert. Die folgende Darstellung macht den zentralen Unterschied zwischen Mobbing und Streiterei deutlich:

123

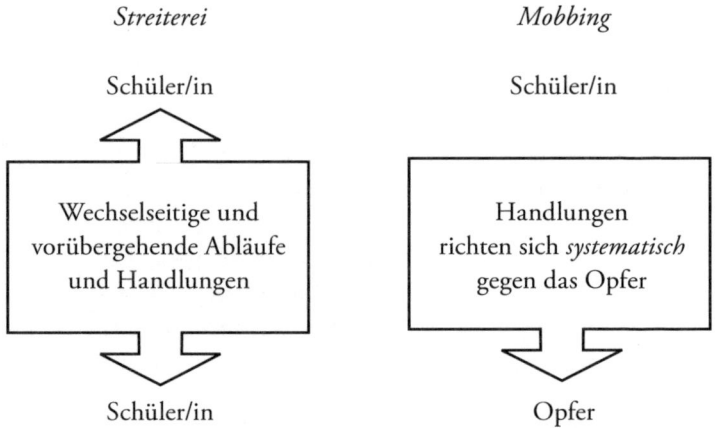

Streiterei	Mobbing
Schüler/in	Schüler/in
Wechselseitige und vorübergehende Abläufe und Handlungen	Handlungen richten sich *systematisch* gegen das Opfer
Schüler/in	Opfer

Von Mobbing spricht man, wenn die folgenden Kriterien erfüllt sind: der angegriffene Schüler, die angegriffene Schülerin ist *unterlegen* und wird von einem oder mehreren anderen *gezielt über einen längeren Zeitraum* direkt oder indirekt mit der *Absicht des Ausgrenzens, des Verletzens und Schädigens* attackiert. Zu bedenken ist darüber hinaus, dass beim Mobbing in Schulklassen immer auch die ganze Klassengemeinschaft betroffen bzw. indirekt beteiligt ist. Da gibt es diejenigen, die durch ihr Verhalten (Lachen, Kichern, Beifall bekunden) die Situation verstärken (Verstärker), diejenigen, die aktiv mit dabei sind und dem zentralen Mobber helfen (Assistenten) sowie die Schüler, die sich aus allem heraushalten (Außenstehende). Daneben gibt es aber auch Schülerinnen und Schüler, die als potenzielle Verteidiger des Mobbingopfers in Frage kommen, oft aber erst einen Anstoß brauchen, um aktiv zu werden.

Mobbing baut sich allmählich und für Eltern und Lehrer oft unmerklich auf. Die Mobber nutzen für ihre Angriffe vor allem die Zeiten und Räume (Internet), in denen es wenig oder keine Kontrolle durch Lehrer oder andere Erwachsene gibt (durchaus auch außerhalb des Unterrichts und des Schulgeländes). Dabei suchen sie sich vor allem jene Schülerinnen und Schüler aus, die über wenig Selbstbewusstsein verfügen und auch nicht auf Hilfe und Schutz der Klassengemeinschaft hoffen können. Aber auch das Mobbingopfer selbst versucht oft, die Situation zu verbergen, weil es sich schämt und nicht möchte, dass andere die eigene Hilflosigkeit und Ohnmacht erkennen. Und auch die Zuschauer und potenziellen Beschützer bleiben lieber in Deckung, weil sie befürchten, anderenfalls selbst in die Opferrolle zu geraten.

Mobbing muss in erster Linie durch die Schule angegangen werden. Dort kann und sollte das Problem gelöst werden. Dies gilt auch für Formen des Cyber-Mobbing, bei dem einzelne Schüler in Internetforen und sozialen Netzwerken diffamiert werden. Grundsätzlich gilt es, die Opfer zu schützen, die Täter zu stoppen und ihnen den Boden zu entziehen, vor allem, indem man das Mobbing aufdeckt und öffentlich macht. Aufgabe der Lehrkräfte ist es außerdem, den Tätern unmissverständlich klarzumachen, dass so etwas an der Schule und in der Klasse nicht geduldet wird. Dem Opfer kann man vom ihm ausgewählte Mitschülerinnen und Mitschüler an die Seite stellen, die die Aufgabe haben, als »Beschützer« zu agieren und ggf. weitere Übergriffe zu beobachten und zu protokollieren.

Und was können Ihr Kind und Sie tun?

Tipps

- Wenn Sie befürchten, dass Ihr Kind zum Mobbingopfer wird, sollten Sie sein Verhalten aufmerksam im Blick haben. Bei Mobbing ist es wichtig, *früh einzugreifen,* also bereits dann, wenn die *Anzeichen dafür sich verdichten,* und nicht erst, wenn die Situation bereits eskaliert ist. Auf diese Weise wird verhindert, dass die Mobbingopfer einen langen Leidensweg durchmachen müssen. Warnsignale für Mobbing können sein: wachsende Verschlossenheit des Kindes; Rückzug; das Kind möchte zur Schule gefahren werden; es klagt über unerklärliche Krankheitssymptome; seine Kleidung ist nach der Schule beschädigt oder es fehlen Schulsachen; das Kind ist körperlich verletzt; es sucht nach Gründen, um nicht in die Schule zu müssen.
- Informieren Sie sich selbst bei Beratungsstellen, im Internet und in der vorhandenen Literatur (siehe auch die weiterführenden Literaturhinweise am Schluss dieses Buches) über sinnvolle Gegenmaßnahmen. Auch wenn sich jeder Fall anders darstellt, erhalten Sie dort eine Reihe nützlicher Empfehlungen und Tipps.

Im Folgenden möchte ich Ihnen einige Maßnahmen vorstellen, die entweder als besonders ungeeignet oder als besonders sinnvoll angesehen werden:

Ungeeignete Maßnahmen

- Bagatellisieren nach dem Motto »So schlimm kann es doch gar nicht sein«.
- Dem Kind die Verantwortung geben (»Daran bist du selbst schuld, musst dich halt ändern«).
- Das Kind auffordern, sich zu wehren. Das ist deshalb nicht hilfreich, weil es das bestimmt schon versucht hat und damit gescheitert ist. Es wird sich angesichts zusätzlicher Aufforderungen noch minderwertiger fühlen.
- Sich den oder die Täter und/oder seine Eltern »vornehmen«. Dies kann dazu führen, dass sich das Problem verschärft, weil die anderen es dann wiederum Ihrem Kind »heimzahlen« möchten. Sie können im Vorhinein nicht abschätzen, wie der Täter und seine Eltern reagieren werden.
- Mit dem Kind in die Klasse gehen und dort eine Standpauke halten.
- Dem Klassenlehrer sagen, was er zu tun hat.

Sinnvolle Maßnahmen im Umgang mit dem gemobbten Kind

- Das Kind ernst nehmen und ihm wirklich zuhören.
- Das Kind stärken und daran erinnern, wo es bereits ermutigende Erfahrungen gesammelt hat, die ihm jetzt nützlich sein können.
- Das Kind selbst Lösungsvorschläge unterbreiten lassen, z. B, wen es aus der Klassengemeinschaft als Verteidiger und Helfer gewinnen kann, was ggf. der Klassenlehrer oder eine Lehrerin seines Vertrauens tun kann und sollte. Sie können in diesem Zusammenhang mit Ihrem Kind auch über den sogenannten »No-Blame-Approach«-Ansatz[14] sprechen, der darauf setzt, Unterstützungsgruppen zu etablieren.
- Hört das Mobbing trotz aller Bemühungen nicht auf, so halten Sie Ihr Kind dazu an, bei erneuten Angriffen unmittelbar den Klassen- oder Vertrauenslehrer zu informieren. Darüber hinaus sollte es wichtige Vorfälle dokumentieren, also ein sogenanntes »Mobbing-Tagebuch« führen.
- Verfolgen Sie die Entwicklung kontinuierlich und fragen Sie bei Ihrem Kind nach, wie sich die Dinge konkret entwickeln.

Was Sie noch tun können

- Bewahren Sie Ruhe. Erst wenn Ihre eigenen Gefühle der Sorge, Wut, Empörung usw. sich wieder beruhigt haben, können Sie Ihrem Kind aktiv zuhören und durchdacht handeln.

- Dokumentieren Sie Ihrerseits schriftlich, was vorfällt.
- Falls Ihrem Kind »Schutzgeld« abgepresst wird, seine Sachen beschädigt werden und es körperlich angegriffen wird: Erstatten Sie Anzeige. Bringen Sie Ihr Kind vorübergehend selbst zur Schule und holen Sie es wieder ab.
- Suchen Sie im Gespräch mit der Klassenlehrerin und/oder anderen geeigneten Lehrern nach Lösungen, die vor allem Ihrem Kind helfen und den/die Täter stoppen können. Achten Sie bei solchen Gesprächen darauf, dass die Lehrer ihrerseits das Problem nicht verschärfen, indem sie planlos vorgehen oder die Mobber vor der Klasse bloßstellen. Das könnte die Gesamtsituation für Ihr Kind weiter verschärfen.
- Holen Sie sich rechtzeitig Hilfe bei Beratungsstellen, z. B. dem schulpsychologischen Dienst (siehe die Hinweise auf Seite 165 ff.).
- Im extremen Fällen kann auch eine Versetzung Ihres Kindes in eine andere Klasse oder ein Schulwechsel sinnvoll sein.

Wenn Ihr Kind zu den Helfern und Verstärkern des Mobbings gehört
- Machen Sie Ihrem Kind unmissverständlich klar, dass sein Verhalten inakzeptabel ist und Sie von ihm erwarten, dass es unverzüglich damit aufhört. Erklären Sie ihm darüber hinaus, dass sein Verhalten stark mit dazu beiträgt, dass die eigentlichen Mobber überhaupt so erfolgreich sein können.
- Veranschaulichen Sie Ihrem Kind die Auswirkungen seines Verhaltens beim gemobbten Schüler. Appellieren Sie an sein Empathievermögen (»Wie würdest du dich fühlen, wenn XY über dich herzieht und andere dann auch noch lachen?«).
- Ermutigen Sie Ihr Kind, sich aus solchen Situationen zu befreien und sich letztendlich mit den Angegriffenen zu solidarisieren. Das gelingt leichter, wenn es sich zunächst aus der Sache heraushält und schließlich den potenziellen Verteidigern des Opfers anschließt.
- Fragen Sie nach, was es bereits unternommen hat, um sein Verhalten zu ändern.

Wenn Ihr Kind zu den potenziellen Beschützern gehört
- Machen Sie Ihrem Kind Mut, sich mit anderen Beschützern und ggf. den Zuschauern zusammenzutun. Gemeinsam können die Kinder überlegen, wie sie dem gemobbten Kind zur Seite stehen und auf den Mobber einwirken können.

- Fragen Sie nach, was es bereits unternommen hat und ob sich die Situation positiv verändert hat.

Wenn Ihr Kind andere Kinder mobbt

- Machen Sie Ihrem Kind unmissverständlich klar, dass sein Verhalten inakzeptabel ist und Sie von ihm erwarten, dass es seine Angriffe und Böswilligkeiten einstellt. Erklären Sie ihm, dass Gewalt kein Zeichen von Stärke oder Durchsetzungsfähigkeit ist.
- Sprechen Sie mit Ihrem Kind darüber, welche Auswirkungen sein Verhalten beim gemobbten Kind haben kann. Es muss wissen und spüren, dass es mit seinem Verhalten andere Kinder verletzt und ihnen großes Leid zufügt. Oft ist mobbenden Kindern nicht bewusst, wie sehr andere Kinder darunter leiden.
- Reden Sie mit Ihrem Kind auch darüber, welchen Nutzen es sich von seinem Verhalten verspricht (vielleicht möchte es bewundert werden, Einfluss haben, oder es wird von Mitschülerinnen oder Mitschülern dazu ermutigt) und wie es ohne Mobbing auskommen kann.
- Suchen Sie gemeinsam mit Ihrem Kind nach Lösungen (Was kannst du tun? Wer kann dich unterstützen?).
- Finden Sie im Gespräch mit dem Klassenlehrer oder der Klassenlehrerin gemeinsam eine Lösung und besprechen Sie mögliche Handlungsschritte.
- Beobachten Sie die Situation weiterhin und bleiben Sie mit Ihrem Kind und dem Klassenlehrer im Gespräch.
- Zeigen Sie Ihrem Kind, dass Sie sich freuen, wenn es sich kooperativ und partnerschaftlich gegenüber anderen Kindern verhält. Verändert sich das Verhalten Ihres Kindes aber nicht, so sollten Sie Hilfe bei einer Familienberatungsstelle suchen.

8. Konfliktstrategien im Umgang mit Lehrerinnen und Lehrern

Seit es Schulen gibt, klagen Eltern und Schüler über Lehrerinnen und Lehrer – und auch umgekehrt. Dies scheint also in der Natur der Sache zu liegen. Vermutlich spielen die unerfüllten gegenseitigen Erwartungen bei diesen Klagen ebenso eine Rolle wie die Tatsache, dass Menschen und Systeme sich nicht von einem Tag zum anderen völlig verändern. Schulreformen jedenfalls haben die gegenseitige Unzufriedenheit nicht nachhaltig beseitigen können.

Sicher ist auch, dass zahlreiche Konflikte mit Lehrern ihren Ursprung im Verhalten der Schülerinnen und Schüler haben. So kann ein fortwährend destruktiv agierender oder aggressiver Schüler nicht nur einen Berufseinsteiger, sondern auch eine routinierte und erfahrene Lehrerin zur Verzweiflung bringen und letztlich zu überzogenen Reaktionen veranlassen. Und eine Handvoll lernfauler und kontinuierlich störender Schüler kann auch einen didaktisch gewissenhaften Lehrer zumindest zeitweilig aus der Fassung bringen. Um solche Fälle soll es im Folgenden ausdrücklich *nicht* gehen. Vielmehr sollen diejenigen Lehrkräfte im Blickpunkt stehen, die mit ihrem *persönlichen* Verhalten Ausgangspunkt von Problemen und Konflikten sind.

Problematische Lehrerinnen und Lehrer

»Nadine hat jetzt einen Englischlehrer, der macht, was er will. Der ist unberechenbar, gibt Noten nach Belieben, beleidigt teilweise die Kinder oder stellt sie bloß, wenn sie etwas nicht können. Für die Kinder interessiert er sich jedenfalls nicht. Obschon das der Lehrerschaft und dem Schulleiter bekannt ist, wird nichts unternommen; es wird einfach totgeschwiegen. Man wartet eben bis zu seiner Pensionierung.«
Aussage einer besorgten Mutter

Solche und ähnliche Fälle waren es, die der anerkannte, 2009 verstorbene Pädagoge Prof. Kurt Singer vor Augen hatte, wenn er mit Leidenschaft für eine humane Schule eintrat und sowohl Eltern als auch Schülern Mut machte, sich gegen Unrecht und Gedankenlosigkeit zur Wehr zu setzen. In seinen zahlreichen Veröffentlichungen[15] hat er Leitbilder und pädagogische Richtmaße begründet, die ich diesem Kapitel gerne sinngemäß voranstellen möchte:

Übersicht 24: Leitbilder für gelingenden Unterricht nach Kurt Singer

* Unterricht bedeutet nicht nur Stoffvermittlung, sondern eine helfende Beziehung von Lehrerinnen und Lehrern zu den Schülern.
* Die Schule muss die Lebensprobleme der Jugendlichen ebenso ernst nehmen wie deren Lernprobleme.
* Kein Kind darf vom Lehrer seelisch verletzt werden und in eine hilflose Situation geraten.
* Schule braucht ein Klima der Zusammenarbeit von Eltern und Lehrern und auch mutige Lehrkräfte, die sich gegen das Zensuren-Unwesen, unbarmherzige Auslese und Gleichmacherei wehren.

Damit Schule und Unterricht in diesem Sinne zum Wohle der Kinder und Jugendlichen gelingen können, braucht es Lehrerinnen und Lehrer, die neben einem solchen Leitbild auch …
* über das nötige pädagogisch-didaktische Geschick verfügen,
* ihre Fächer selbst beherrschen und andere für deren Inhalte und Themen begeistern können,
* einen strukturierten und dennoch abwechslungsreichen Unterricht gestalten können,
* sich bewusst sind, dass sie führen müssen und Vorbild sind, zugleich aber einem größeren Anliegen dienen.

Als Vater oder Mutter haben Sie den berechtigten Wunsch, dass Ihr Kind in der Schule auf Lehrerinnen und Lehrer stößt, die diesen Ansprüchen gerecht werden. Und bestimmt gibt es an der Schule Ihres Kindes auch solche Lehrkräfte, denen Sie Ihr Kind gerne anvertrauen, weil Sie wissen, dass es viel lernen kann und auch menschlich gut aufgehoben ist. Leider bringt das System es aber mit sich, dass es neben diesen guten und engagierten Lehrerinnen und Lehrern auch solche gibt, die weder Vorbild sind, noch führen, sich allenfalls mäßig engagieren und schlimmstenfalls diktatorisch, verletzend und rücksichtslos auftreten.

Woran liegt das? Was sind die möglichen Ursachen für die vielfach festgestellten Defizite und Schwierigkeiten mancher Lehrerinnen und Lehrer? Bei der Beantwortung dieser Fragen stößt man auf ein Bündel von sich gegenseitig beeinflussenden Faktoren, von denen aus meiner Sicht folgende zentral sind:

- In den Lehrerberuf gelangen von vornherein auch immer wieder Menschen, die aufgrund ihrer Persönlichkeit für den Beruf nicht geeignet sind. Nach wie vor gibt es kein Auswahlsystem, und oft haben die Ausbilder in den Universitäten (1. Phase der Lehrerausbildung), in Schule und Lehrerseminar (2. Phase der Lehrerausbildung) nicht die hinreichende Beurteilungssicherheit oder den nötigen Mut, um ungeeignete Anwärter vom Schuldienst fernzuhalten.

- In den ersten Jahren der Berufstätigkeit geraten zugegebenermaßen auch geeignete, engagierte und gut ausgebildete Lehrkräfte oft in Überforderungssituationen. Neben der hohen Zahl an Deputatsstunden spielen zahlreiche andere Faktoren eine gewichtige Rolle. Da werden Junglehrer gerne mit vielen Stunden in besonders herausfordernde Klassen gesteckt und so »verbrannt«, bevor sie richtig »gebrannt« haben. Oft fallen diese intensiven Belastungen zusammen mit anderen Stressfaktoren, die damit zu tun haben, dass man sich »im Leben einrichtet«, also z. B. eine Familie gründet, ein Haus baut, sich wirtschaftlich absichert. Der Gesamtstress kann die Arbeitsfreude und -qualität erheblich beeinträchtigen, ggf. sogar nachhaltig beschädigen.

- Vor allem die Lehrkräfte, die mit Unterrichtsstörungen zu kämpfen haben, bekommen oder holen sich nicht die nötige Hilfe. Grundsätzlich mangelt es in der Schule an gegenseitigem und vor allem systematisch angelegtem Austausch. Konzepte dazu gibt es, aber sie werden im Alltag noch zu selten genutzt. Wie es scheint, hat sich (auch bei den Schulleitungen) noch nicht herumgesprochen, dass ein solcher Austausch Lehrerinnen nicht nur entlastet, sondern auch weiter qualifiziert.

- Beamtenstatus und Beschäftigungssicherheit führen oft dazu, dass es bei der Leistungsmotivation hapert. Fragwürdiges bis inakzeptables Verhalten bleibt im Schulalltag zudem meist folgenlos, weil nennenswerte Sanktionen, z. B. Einkommensverluste oder gar eine Entlassung aus dem Schuldienst, nicht zu befürchten sind. Darüber hinaus fehlt ein echtes Leistungs- und Anreizsystem. Die Besoldungsstufen ergeben zu wenig Spielraum für Anreize; mit Beförderungen werden nur selten jene belohnt, die als »Frontarbeiter« gute Unterrichts- und Erziehungsarbeit leisten. Dies alles ist de facto ein Freibrief für diejenigen, die nicht über die nötige Berufsmoral oder die erforderlichen Fähigkeiten verfügen.

- Für Lehrkräfte besteht bislang keine Fortbildungspflicht, so dass nur solche Lehrerinnen und Lehrer die diversen Angebote nutzen, die offen für neue Entwicklungen und Ansätze sind.
- Wie ein Lehrer sich verhält, hat grundsätzlich auch zu tun mit seinem Charakter, seinen Lebensumständen und seiner individuellen Verfasstheit. Entsprechende Schwächen oder Mängel können weitreichende Folgen haben. Ist beispielsweise eine Lehrkraft mit sich und der Welt unzufrieden, so leiden möglicherweise auch die Schülerinnen und Schüler in der Folge sehr darunter. Für Lehrer ist es aufgrund ihrer Nähe zu den Schülern und ihrer Machtposition leicht, die eigenen Probleme an den Kindern und Jugendlichen »abzuarbeiten«. In Extremfällen kann dies sogar zu grenzüberschreitendem oder gar kriminellem Verhalten führen (wie z. B. sexuellem Missbrauch).

Wenn ich im Folgenden die schwierigen bzw. problematischen Lehrerinnen und Lehrer in drei Gruppen einteile, so erleichtert diese grobe Vereinfachung die weitere Betrachtung der Probleme. Ohnehin können nicht alle nur denkbaren Fälle oder Eigenarten von Lehrerinnen und Lehrern abgedeckt werden. Ich gehe aber davon aus, dass es genau diese drei Gruppen sind, mit denen sich Schüler und Eltern immer wieder auseinandersetzen müssen.

- Die *erste Gruppe* bilden die didaktisch und methodisch unqualifizierten, auch führungsschwachen Lehrkräfte, bei denen Schüler nur eingeschränkt etwas lernen können und/oder wo es im Unterricht oft drunter und drüber geht.
- Die *zweite Gruppe* erfasst die bequemen und faulen Lehrkräfte, die in Unterricht und Schule nur das Allernötigste tun und jede Form von Engagement vermissen lassen.
- Die *dritte Gruppe* charakterisiert diejenigen Lehrerinnen und Lehrer, die ihre Macht missbrauchen und mit ihren unpädagogischen, mitunter auch zynischen Maßnahmen einzelne Schülerinnen und Schüler oder auch ganzen Klassen das Leben schwer machen.

Die genannten Charakteristika treten beim einzelnen Lehrer, der einzelnen Lehrerin in unterschiedlichen Ausformungen und Schattierungen auf. Auch Kombinationen der drei genannten Typen von Lehrerverhalten sind möglich. So kann ein Lehrer etwa gleichzeitig verletzend auftreten und einen auffallenden Mangel an Engagement an den Tag legen. Und eine zweifelhafte Arbeitsmoral kann sich bei der einen Lehrkraft daran zeigen, dass sie seit 20 Jahren auf die gleichen Arbeitsmaterialien zurückgreift, während bei einer anderen Lehrkraft der Unterricht oft vorzeitig beendet wird.

Der insbesondere von Eltern häufig beklagte *Unterrichtsausfall* gehört ebenfalls zu den einschlägigen Ärgernissen der Schulzeit. Allerdings soll darauf erst im nächsten Kapitel (*Konfliktstrategien bei der Bewältigung von strukturellen Problemen* ab Seite 148) näher eingegangen werden, denn hier können neben den persönlich bedingten Faktoren auch strukturelle und schulische Einflüsse eine entscheidende Rolle spielen.

Was bei Problemen grundsätzlich zu bedenken ist

Wenn man Konflikte mit Lehrkräften oder der Schule angehen und lösen möchte, so ist das im Allgemeinen kein leichtes Unterfangen. Väter und Mütter sind oft unsicher, wie sie sich verhalten sollen – schließlich ist man ja in gewisser Hinsicht abhängig vom Gegenüber: eine knifflige Situation. Die Unsicherheit hat aber oft auch damit zu tun, dass …

- man häufig ausschließlich auf die Aussagen der Kinder oder anderer Eltern angewiesen ist und sich kein gesichertes Bild der Situation machen kann,
- man im Zweifel ist, ob man die ganze Angelegenheit schlicht parteiisch aus der fürsorglichen Elternperspektive betrachtet und deswegen womöglich überzogene Ansprüche geltend macht,
- man nicht weiß, wann, wo und wie man den Konflikt am besten angehen und kommunizieren kann,
- man nicht abschätzen kann, wie sich die Lehrkraft oder Schulleiterin/ Schulleiter im Gespräch und in den nachfolgenden Wochen verhalten werden,
- es fraglich ist, ob das eigene Kind überhaupt möchte, dass man etwas unternimmt, welche Rolle ihm dabei zufällt und ob es ggf. die Konsequenzen verarbeiten und aushalten kann,
- es keine Gewähr gibt, dass man auch andere Eltern verlässlich mit ins Boot holen kann.

Es ist daher wichtig, sich vorab ein paar grundsätzliche Gedanken zu machen:

- Wenn Väter und Mütter sich in die Schule begeben, um dort bestimmte Anliegen im Interesse ihres Kindes zu verfolgen, dann wirken oft (auch unbewusst) ihre eigenen Erfahrungen als Schülerin oder Schüler nach. Dann verhalten sie sich eventuell unangemessen ängstlich. Man denke nur an Elternabende, bei denen Erwachsene in den Stuhlreihen sitzen und sich teilweise wieder so hilflos und ausgeliefert fühlen wie in ihrer eigenen Schulzeit. Auf kleinen Kinderstühlen sitzend, folgen sie den Ausführungen der Lehrkraft, die wie selbstverständlich hinter dem Pult Platz genommen hat, »und wer zu spät kommt, drückt sich schnell und schüchtern in die letzte Reihe …«[16]. So beschreibt es sehr anschaulich die Psychologin und Buchautorin Helga Gürtler. Vorstellbar ist aber auch, dass Mütter und Väter versuchen, mit den Lehrern ihrer Kinder für selbst erlittene Verletzungen abzurechnen. Insofern lohnt es sich, vor dem Gespräch mit der Lehrerin oder dem Lehrer in Ruhe zu überlegen, inwieweit solche bislang unbewussten Motive eine Rolle spielen könnten. Damit sinkt die Wahrscheinlichkeit, dass das eigene Verhalten von Unterlegenheitsgefühlen oder Rachegelüsten geleitet wird. Ein Konfliktgespräch unter Erwachsenen sollte möglichst auf Augenhöhe stattfinden. Die Lehrkraft hat zwar in fachlichen Fragen einen Wissensvorsprung – das bedeutet aber nicht, dass man jedes ihrer Argumente sowie unsinnige Entscheidungen und Vorgehensweisen akzeptieren und aushalten muss.
- Viele Eltern haben die (berechtigte) Sorge, dass ihre Kinder im Nachgang zu Beschwerden oder Konfliktgesprächen mit entsprechenden Retourkutschen der betreffenden Lehrer oder des Kollegiums rechnen müssen. Das hält zahlreiche Mütter und Väter davon ab, aktiv zu werden. Allerdings wird sich ohne Resonanz, Feedback und Initiative seitens der Schüler und Eltern in der Schule und insbesondere bei den problematischen Lehrkräften kaum etwas ändern, und das womöglich über lange Zeit. Darum sollten Eltern vor allem dann, wenn Kinder und Jugendliche von Lehrerinnen und Lehrern gedemütigt, verletzt und tyrannisiert werden, nicht schweigen und wegschauen. Kinder brauchen Väter und Mütter, die ihnen *mutig beistehen* und mit Nachdruck einfordern, dass solch ein Verhalten *sofort eingestellt* wird.
- Grundsätzlich ist es nicht die Aufgabe von Schülern oder Eltern, erzieherisch auf Lehrkräfte einzuwirken. Dies müssen in erster Linie die Schulleitung oder die Schulaufsichtsbehörde tun, aber auch das Lehrerkollegium ist hier in der Pflicht. Leider kommt es derzeit noch eher

selten vor, dass diese Institutionen oder eben die Kollegen regulierend eingreifen. Zu vermuten ist, dass vielfach die Sorge um das Ansehen der Schule eine Rolle spielt, wenn inakzeptables Verhalten von Lehrkräften unter den Teppich gekehrt wird. Wenn Sie als Vater oder Mutter also aktiv werden, sollten Sie im Hinterkopf behalten, dass Sie möglicherweise auf Widerstände stoßen werden – schlimmstenfalls wird man versuchen, die Dinge zu verharmlosen, abzustreiten, auszusitzen und die Verantwortung für Missstände bei den Schülern zu suchen.

- Eltern brauchen bei Konflikten mit Lehrkräften und der Schule *keinerlei Dienstweg einzuhalten*. Das heißt, wenn sich innerhalb der Schule trotz redlicher und fairer Bemühungen um eine Lösung des Problems oder Konflikts nichts bewegt, können sie jederzeit ihre demokratisch legitimierten Bürgerrechte geltend machen. Diese reichen von der Dienstaufsichtsbeschwerde bis zu einem gerichtlichen Vorgehen oder dem Herstellen von Öffentlichkeit.

- Beim Versuch, Konflikte aufzulösen, helfen wechselseitige Vorwürfe und unreflektierte Schuldzuweisungen nicht weiter. Lehrer sollten also aufhören, pauschal die Ursache für eigene Unterrichtsprobleme im Schülerverhalten oder Elternhaus zu suchen, und Eltern sollten umgekehrt nicht vorschnell den Lehrern die Schuld für die Probleme ihres Kindes geben. Vielmehr sollten alle Beteiligten nach Wegen suchen, wie man die Probleme *am besten gemeinsam angeht*. Und: Meinungsunterschiede, kleinere Reibereien, auch punktuelle persönliche Gereiztheiten zwischen Lehrkraft und Schüler sind in der Regel noch nicht wirklich besorgniserregend. *Problematisch* ist ein *Lehrerverhalten* erst dann, wenn das Lernen und Arbeiten der Schülerinnen und Schüler *ernsthaft gefährdet* ist und/oder die Schüler *anhaltend nicht mit der nötigen Wertschätzung* behandelt werden.

Tipps

- Nehmen Sie *gemeinsam* mit Ihrem Kind eine Einschätzung vor, wie gravierend das Problem oder der Konflikt ist. Bemühen Sie sich, dabei realistisch zu bleiben, und nutzen Sie auch den Rat von Freunden und »neutralen« Dritten. Spielen Sie gedanklich auch einmal durch, was vermutlich passiert, wenn Sie nichts unternehmen und welche Folgen eine Intervention haben kann.

- Betrachten Sie die problematischen Lehrerinnen und Lehrer trotz Ihres Ärgers nicht als Ihre Feinde oder Gegner, die man bekämpft oder »plattmacht«: Sie werden aller Wahrscheinlichkeit nach ja auch in Zukunft mit ihnen klarkommen müssen. Geben Sie der betreffenden Lehrkraft eine faire Chance, ihre Sicht der Dinge darzulegen.
- In allen Gesprächen rund um den Konflikt ist es wichtig, Ruhe zu bewahren und nicht emotional aufgewühlt zu agieren. Was sich ganz allgemein in Konfliktgesprächen bewährt hat, gilt auch hier: Vermeiden Sie Vorwürfe und kommunizieren Sie Ihr Anliegen in Form von Ich-Botschaften. Bitten Sie Ihren Gesprächspartner um Lösungsvorschläge. All das erleichtert den Dialog und ebnet den Weg für eine Lösung des Konflikts.
- Suchen Sie das Gespräch mit der Lehrkraft außerhalb der normalen Unterrichtszeiten. Informieren Sie sie vorab über Ihr Anliegen. Das können Sie telefonisch oder in Form einer kurzen schriftlichen Mitteilung tun (z. B. auch im Schulheft Ihres Kindes). Bereiten Sie sich auf das Gespräch gut vor. Klären Sie u. a. folgende Fragen: Was wollen Sie erreichen? Was wollen Sie vermeiden? Welche Argumente können Sie anführen? (Spickzettel sind hier erlaubt!) Was können Sie selbst zu einer Lösung beitragen? Machen Sie in solchen Gesprächen der Lehrkraft einsichtig, *welche Auswirkungen Schule und Lehrerverhalten momentan auf das Kind und die Familie haben,* und beschreiben Sie anhand von Beispielen, wie das Kind versucht, den Anforderungen der Lehrkraft nachzukommen. So verhindern Sie, dass die Lehrkraft ihrerseits nur über mangelnde Leistungen und schlechtes Benehmen des Kindes spricht.
- Bemühen Sie sich, der Lehrkraft gut zuzuhören und ggf. nachzufragen, wenn Sie etwas nicht verstehen oder sich Widersprüche zu den Berichten Ihres Kindes oder Ihren eigenen Beobachtungen ergeben. Unter Umständen lassen sich in solchen Erstgesprächen bereits einige Missverständnisse ausräumen oder auch Schwierigkeiten beheben.
- Streitet die Lehrkraft Vorfälle ab, die gut belegt sind, oder versucht sie, die Dinge zu verharmlosen, so legen Sie entsprechende Belege vor (z. B. Gedächtnisprotokolle).
- Stellen Sie sich darauf ein, dass Lehrkräfte und Schule auf Veränderungsvorschläge oft wenig begeistert reagieren werden. Sie

werden Geduld und Beharrlichkeit brauchen, denn es ist eher unwahrscheinlich, dass Ihr Engagement sich unmittelbar auszahlen wird. Und: Wer A sagt, sollte auch bereit sein, die Schritte B und C zu machen.

- Verändert sich im Verhalten der Lehrkraft nichts, bleibt der Konflikt bestehen und kommt es tatsächlich zu Retourkutschen, so sollten Sie das Geschehen dokumentieren und Ihre Aufzeichnungen der betreffenden Lehrkraft zur Stellungnahme vorlegen. Am besten bitten Sie sie um eine schriftliche Reaktion. Das fordert auch vom Gegenüber eine genaue und verbindliche Darlegung, die später ggf. noch einmal herangezogen werden kann.
- Werden die Dinge weiterhin bagatellisiert oder geleugnet, so informieren Sie den betreffenden Lehrer über Ihre weitergehenden Aktivitäten (Information der Klassenlehrerin, Gespräche mit der Schulleitung).
- Ist auch die Schulleitung nicht bereit, etwas gegen ein sehr problematisches Verhalten eines Lehrers zu unternehmen, so sprechen Sie bei der *Schulaufsichtsbehörde* vor (Schulrat, Dezernenten der Bezirksregierungen). Informieren Sie diese über Ihr bisheriges Vorgehen auch auf der Basis von Dokumenten, Gesprächsprotokollen etc.
- Wenn Sie eine *offizielle Dienst- oder Fachaufsichtsbeschwerde* gegen untragbar gewordene Zustände oder fachlich inkompetente Lehrkräfte einleiten wollen, müssen Sie hinreichende Fakten anführen.
- Wenn der Konflikt mehrere Mitschüler gleichermaßen betrifft, kann eine privat organisierte *Elternversammlung* (zunächst ohne Beteiligung der Lehrkraft) sinnvoll sein. Zu dieser sollten Sie dann ggf. mit einer weiteren Mutter/einem weiteren Vater gemeinsam einladen. Bereiten Sie sich auch hier gut vor. Legen Sie fest, wer die Besprechung leitet und moderiert, so dass möglichst alle zu Wort kommen. Halten Sie in einem kleinen Protokoll fest, welche Schritte und Maßnahmen Sie miteinander vereinbart haben.
- *Ein juristisches bzw. gerichtliches Vorgehen* ist sicher stets der letzte Schritt in einer Kette von abgestuften Maßnahmen. Holen Sie sich in solchen Fällen Rat und Unterstützung bei in Schulrechtsfragen erfahrenen Juristen.

Wie Sie konkret mit problematischen Lehrerinnen und Lehrern umgehen können

Umgang mit unfähigen Lehrkräften

»Bei unserer Deutschlehrerin geht es immer drunter und drüber. Da macht jeder, was er will.«
Miriam, Schülerin Klasse 8

»In Mathe raffen nur ganz wenige was. Der Lehrer kann aber auch nicht erklären. Fast alle haben inzwischen eine private Nachhilfe.«
Gereon, Schüler Klasse 10

Man darf davon ausgehen, dass es in nahezu jeder Klasse mindestens eine Lehrkraft gibt, auf die eine der beiden exemplarischen Schüleraussagen zutrifft. Vor allem mangelndes Durchsetzungsvermögen sowie nicht entwickelte Kompetenzen als Lehrende(r) (Erklären, Darstellen, Zeigen, Vormachen) tragen dazu bei, dass Schüler den Unterricht als unbefriedigend und unergiebig erleben. Treten beide Schwächen in Kombination auf, werden vermutlich nur noch diejenigen aus dem Unterricht etwas mitnehmen, die über eine ausgeprägte Eigenmotivation und Selbstlernkompetenz verfügen und das wenige, was sie im Unterricht »aufschnappen«, auch ohne Hilfe der Lehrkraft verarbeiten können. Die Mehrzahl der Schülerinnen und Schüler aber braucht klare Strukturen, Veranschaulichungshilfen und eine eingehende individuelle Unterstützung beim Lernen. Fehlt all dies, ist wahrscheinlich, dass sie irgendwann den stofflichen Anschluss und letztlich die Lernfreude verlieren – erst recht in den Fächern, zu denen sie von Natur aus über weniger Neigung und Begabung verfügen. Schließlich benötigt jedes Lernen auch Erfolgserlebnisse bzw. die Erfahrung, dass man Fortschritte macht.

Innerhalb einer Schule oder eines Lehrerteams bleiben die kollegialen Unzulänglichkeiten in der Regel nicht verborgen; auch bei der Schüler- und Elternschaft spricht sich irgendwann herum, dass es bei der Kollegin X oder dem Kollegen Y schwierig für die Kinder wird. Die Schulen reagieren auf solche Situationen, indem sie darauf achten, dass es in einzelnen Klassen nicht zu einer Anhäufung von »schwachem« Personal kommt. Nur ganz selten bietet man den betreffenden Kollegen die nötige Hilfe und Unterstützung an; ein Fortbildungsgebot für solche Lehrkräfte existiert bislang nicht.

Sie als Eltern können allenfalls *indirekt Einfluss* auf die Lehr- und Führungskompetenz der Lehrerinnen und Lehrer nehmen, z. B. indem Sie mit Ihrem Kind besprechen, was es selbst tun kann, um aus dem unbefriedigenden Unterricht dennoch so viel wie möglich mitzunehmen.

Tipps

* Besprechen Sie mit Ihrem Kind, wie es die Unterrichtszeiten trotz der schlechten Lehrerleistung gut nutzen kann. Und machen Sie ihm deutlich, dass Resignation (»Da kann man nichts machen«) oder Sich-Wohlfühlen im »Chaos« keine Lösungen des Problems darstellen. Sprechen Sie mit Ihrem Kind auch darüber, dass es Wechselwirkungen zwischen dem Verhalten der Schüler und dem des Lehrers bzw. der Lehrerin gibt. Eine Klasse, die sich dafür engagiert, einen führungsschwachen Lehrer zu unterstützen, kann mit dazu beitragen, dass im Unterricht mehr Ordnung einkehrt. Und wenn Kinder und Jugendliche im Unterricht aufmerksam mitdenken, dann haben auch Lehrkräfte mehr Freude daran, ihnen etwas beizubringen.
* Denken Sie gemeinsam mit Ihrem Kind darüber nach, welche Einzelmaßnahmen im konkreten Fall anwendbar bzw. erfolgversprechend erscheinen. Dazu einige Ideen:

Übersicht 25: Was kann getan werden ...

Bei Führungsschwäche der Lehrkraft:
1. Sich selbst vom Chaos ringsherum *nicht anstecken lassen* – sich abschirmen; z. B. bei Einzelarbeit still arbeiten, Störungen von Mitschülern abwehren.
2. Befreundete Mitschülerinnen auffordern, sich ebenfalls konzentriert und aufmerksam zu verhalten.
3. Der Lehrkraft Vorschläge zur Sitzordnung machen (z. B. begünstigt eine *Hufeisenform* die Disziplin, *Gruppentische* hingegen verführen zu Seitengesprächen und Unruhe).
4. Bei Gruppenarbeiten selbst auf Gruppendisziplin achten.
5. Bei Gruppenpräsentationen selbst aufmerksam zuhören sowie bei der eigenen Präsentation *die Aufmerksamkeit der Mitschüler* sammeln.
Bei mangelhaften Lehrkompetenzen:
1. Sehr konzentriert zuhören und die Lehrkraft *verstehen wollen*.

2. Rechtzeitig *nachfragen*, ob man das jetzt richtig verstanden hat, bevor der Lehrer zum nächsten Schritt übergeht (selbst benennen, was man bislang verstanden oder noch nicht verstanden hat).
3. Rechtzeitig *Fragen stellen.*
4. Sich frühzeitig darin üben, gleichzeitig zuzuhören und mitzuschreiben, ggf. auch Skizzen anzufertigen. Das hat den Vorteil, dass man mehrere Eingangskanäle nutzt und *zu Hause noch einmal die Vorgehensweise* (und nicht nur das Ergebnis) *nachvollziehen* kann.
5. Immer wieder zeitnah zu den Erklärungen der Lehrkraft im Schulbuch nachlesen.
6. Mit Freunden *zu Hause rechtzeitig* (und nicht nur vor Klassenarbeiten!) *wiederholen,* durcharbeiten und üben. Wichtig hierbei: Konzentration, Ausdauer, die richtigen Aufgaben auswählen, den alten Stoff wiederholen und mit dem neuen Stoff verknüpfen, ihn immer wieder auch anhand von Aufgaben konkret anwenden.
7. Zum jeweiligen Thema *viel lesen* und in seriösen Internet-Wissensportalen recherchieren.

- An anderer Stelle habe ich bereits angesprochen, dass eine punktuelle Kontrolle der Hausaufgaben wichtig ist. Eine fachliche Lernunterstützung durch Väter oder Mütter ist, wie ebenfalls bereits erwähnt, jedoch nur dann sinnvoll, wenn die Lernatmosphäre entspannt ist und man das jeweilige Thema auch selbst annähernd beherrscht.
- Wenn Ihr Kind regelmäßig Nachhilfe bekommt – sei es durch Sie selbst oder durch Nachhilfekräfte –, sollten Sie beim nächsten Elternsprechtag den Klassen- und/oder Fachlehrer darüber informieren. Schildern Sie im Gespräch Ihre Beobachtungen, die Sie zu Hause gemacht haben: »Tom hat das, was Sie im Unterricht erklärt haben, die letzten Wochen regelmäßig zu Hause noch einmal wiederholt und die Dinge auch durchgearbeitet, aber er war richtig verzweifelt. Auch andere Schüler brauchen unseres Wissens Nachhilfe und Lernunterstützung.«
- Sorgen Sie dafür, dass Ihr Kind an den seitens der Schule angebotenen Unterstützungs- und Nachhilfeangeboten teilnimmt. Bestehen solche Angebote (noch) nicht, so initiieren Sie selbst welche, am besten mit Hilfe anderer Eltern. Nutzen Sie dazu Ihre Mitwirkungsmöglichkeiten über Klassen- und Schulpflegschaften sowie die Schulkonferenz.
- Eine professionelle, privat organisierte Nachhilfe ist in der Regel kostspielig. Schließen Sie sich ggf. mit anderen Eltern zusammen und organisieren Sie auf diese Weise eine *Kleingruppen-Nachhilfe.*

Sie ist unter Umständen nicht ganz so effektiv, dafür aber preiswerter.

• Bitten Sie die Schulleitung, mit Schuljahreswechsel einen *Lehrertausch* zu organisieren. Das geht dann zwar zu Lasten einer anderen Klasse, jedoch ist es Kindern nicht zuzumuten, über Jahre hinweg in einem Fach von didaktisch oder pädagogisch schlechten Lehrkräften unterrichtet zu werden. Sollte sich hier trotz Ihrer Nachfragen nichts ändern, können Sie weitergehende Maßnahmen (z. B. ein Gespräch mit der Schulaufsicht) in Erwägung ziehen.

Umgang mit faulen Lehrkräften

Unter Lehrern gibt es wie in jedem anderen Beruf Menschen, die sich besonders engagieren, und solche, die nur das Nötigste tun. Möglicherweise ist es aber im Lehrerberuf besonders leicht, mit mangelhaftem Engagement durchzukommen. Schließlich sind die »Abnehmer« der Arbeitsleistung in der Mehrzahl minderjährig und außerdem abhängig, werden sich daher im Allgemeinen auch nicht beschweren. Gelegentlich ist auch nicht auszuschließen, dass die Faulheit einer Lehrkraft durchaus auch bei den Schülern willkommen ist, z. B. weil man dann selbst weniger leisten muss und vielleicht sogar mit besseren Noten rechnen kann. Denn welcher faule Lehrer will sich schon mit dem Widerstand oder Einsprüchen seiner Schüler herumschlagen?

Das Faulsein oder Faulwerden einer Lehrkraft kann zahlreiche Gründe haben und auch systembedingt sein. Drei wesentliche Ursachen möchte ich nennen. Erstens: Häufig haben faule Lehrkräfte in ihrer individuellen Aufwand-Nutzen-Analyse für sich ausgemacht, dass sich ein größeres Engagement weder mit Blick auf die Schüler, noch die Besoldung, noch auf den eigenen Status in der Schule oder die eigene Karriere lohnt. Zweitens: Sie können so privaten Interessen, ggf. auch Nebentätigkeiten mehr Raum schenken und erleben sich dann in diesen Bereichen als besonders wirksam. Drittens: Nicht auszuschließen ist auch, dass einige Lehrkräfte ein vorzeitiges Burnout vermeiden wollen und gewissermaßen präventiv in eine Art Schonhaltung verfallen – sicher ein Trugschluss, denn sie enthalten sich selbst dadurch jene sinnstiftenden Erfahrungen vor, die letztlich jeder braucht, um in seinem Beruf zufrieden und gesund zu bleiben.

Das mangelnde Engagement einer Lehrkraft muss nicht zwangsläufig zu schlechtem Unterricht führen. Es mag durchaus bequeme Lehrerinnen und Lehrer geben, die es dennoch verstehen, ihren Schülern etwas beizubringen oder sie gar für eine Sache zu begeistern. Das ist aber eher die Ausnahme. Denn guter Unterricht ist trotz einer gewissen Unterrichtsroutine nicht ohne sorgfältige Planung möglich. Und auch bei den übrigen Aufgaben eines Lehrers, einer Lehrerin, z. B. beim Erziehen, Beraten oder Beurteilen, ist Professionalität ohne Engagement und Arbeitsfreude kaum möglich.

Woran erkennen Sie als Eltern nun, dass Ihr Kind einen faulen Lehrer erwischt hat?

Übersicht 26: Mögliche Anzeichen für mangelndes Engagement einer Lehrkraft

Der Lehrer / die Lehrerin ...
- nutzt ständig sehr altes Arbeitsmaterial,
- ist fachlich nicht auf dem neuesten Stand,
- lässt immer wieder die Schüler machen und arbeiten, stellt dafür aber kein brauchbares und didaktisch aufbereitetes Material zur Verfügung,
- gibt Schülern vor Klassenarbeiten immer wieder Hausaufgaben, mittels derer sie sich Stoff erarbeiten müssen, der im Unterricht nicht hinreichend behandelt wurde,
- gibt Klassenarbeiten erst nach langer Zeit zurück,
- ist sehr sparsam mit individuellen Lernunterstützungen, auch Lernberatungen,
- stellt Eltern stets nur sehr zurückhaltend Zeitfenster für Kontakte und Gespräche zur Verfügung,
- überbrückt wiederholt Unterrichtszeiten durch Anekdoten und Erzählungen, setzt immer wieder auch Filme im Unterricht ein, beendet den Unterricht oft vorzeitig,
- fehlt immer wieder einmal an Brückentagen wegen angeblicher Krankheit,
- gibt trotz erkennbarer Schwächen der Schülerinnen überwiegend sehr gute und gute Noten; differenziert die Leistungen der Schüler wenig,
- entzieht sich aufwändigeren außerunterrichtlichen Verpflichtungen wie z. B. Klassenfahrten, Arbeitsgemeinschaften, Projekten und Ähnlichem.

Selbstverständlich darf man keine Lehrerin und keinen Lehrer vorschnell als faul einstufen. Liegen aber hinreichende Indizien vor und klagen auch andere Eltern über die Auswirkungen dieser Bequemlichkeit, dann sollten Sie durchaus aktiv werden.

> Tipps

- Sicher kann sich Ihr Kind in den Stunden, in denen vom betreffenden Lehrer wertvolle Unterrichtszeit verschwendet wird, auch einmal vom allgemeinen Unterrichtsdruck erholen. Ihm sollte aber klar sein, dass Nichtstun auf Dauer nur Nachteile mit sich bringt. Wer Erfolg haben will, sollte als Schüler auch ein eigenes Interesse daran haben, dass der Unterricht effektiv ist. Wenn Schüler sich im Unterricht wissbegierig zeigen und sich für den Lehrer auch menschlich interessieren, kann ein positiver Kreislauf in Gang gebracht werden. Vielleicht braucht die Lehrkraft nur einen Anstoß der Schüler, um selbst auch (wieder) Freude an der eigenen Anstrengung zu finden.
- Schülerinnen und Schüler können Lehrkräfte auch in Zugzwang bringen, z. B. indem sie mit Schülern der Nachbarklasse eine gemeinsame Klassenfahrt »anzetteln«, die der arbeitsscheue Lehrer auch aus kollegialen Erwägungen heraus schwerlich ablehnen kann. Auch eigene Vorschläge zur Bereicherung des Unterrichts, z. B. indem man externe Fachleute für bestimmte Themen oder aktuelle Vorkommnisse ins Gespräch bringt, können zumindest bei sensiblen Lehrpersonen eine Veränderung ihrer Haltung herbeiführen. Fachleute für bestimmte Themen können durchaus auch geeignete Väter oder Mütter der betroffenen Schüler sein.
- Im Unterricht können die Schüler selbst auf Effizienz achten, z. B. indem sie in allen Arbeitsphasen, in denen ihre Mithilfe gefordert ist (etwa beim Auf- und Abbau von Experimenten oder beim Bilden von Gruppen), zügig ans Werk gehen.
- Werden die Schüler mit schlecht aufbereitetem Arbeitsmaterial und unklaren Arbeitsaufträgen in das selbstständige oder auch kooperative Arbeiten entlassen, so sollten Sie der Lehrkraft mitteilen, dass die Schüler so nicht effektiv arbeiten können.
- Fruchten solche Maßnahmen nicht, dann sollten Sie sich mit anderen Eltern beraten. Vielleicht kann die Klassenpflegschaftsvorsitzende ein Gespräch mit der entsprechenden Lehrkraft führen.

Dabei ist es hilfreich, die weiter oben mehrfach dargelegten Kommunikationsregeln einzuhalten. Keinesfalls sollte die Lehrkraft pauschal und persönlich angegriffen werden. Vielmehr sollte es ihr möglich sein, Kritik anzunehmen, ohne ihr Gesicht zu verlieren So ist es etwa sinnvoll, das Gespräch mit einer positiven Bemerkung zu eröffnen, wie etwa: »Die Schüler mögen Sie, das merkt man auch an den vielen positiven Rückmeldungen der anderen Eltern. Aber in letzter Zeit haben sie den Eindruck, dass der Unterricht oft nicht so ergiebig ist. Sie vermissen vor allem ...«

• Verharren Lehrerinnen und Lehrer trotz der Aussprache weiterhin in ihrer Komfortzone, sind Gespräche mit der Schulleitung ein sinnvoller nächster Schritt, in gravierenderen Fällen sicher auch eine Dienstaufsichtsbeschwerde.

Umgang mit unangenehmen Lehrkräften

»Unser Lehrer holt einzelne von uns immer wieder an die Tafel, um sie dort richtig vorzuführen. Der hat da sichtlich Spaß dran.«
Bastian, Schüler eines Gymnasiums

Das Klima in der Klasse und das Verhalten der Lehrer haben enormen Einfluss auf das Wohlbefinden und damit das Lernen von Kindern und Jugendlichen. Gerade für jüngere Kinder ist es wichtig, auf eine Lehrkraft zu treffen, die freundlich und zugewandt ist, der sie sich anvertrauen können – kurz: die Kinder mag und die dann auch von den Kindern gemocht wird. Interesse, Wohlwollen, Verständnis und Ermutigung brauchen dabei nicht im Widerspruch zu stehen zu der Fähigkeit, bei Bedarf energisch und konsequent aufzutreten. Hingegen ist ein cholerischer, jähzorniger, zynischer Lehrer für Schüler ebenso unerträglich wie Lehrkräfte, die sich immer wieder über einzelne Schüler oder die ganze Klasse lustig machen, Schüler ob ihrer mangelnden Fähigkeiten bloßstellen, willkürlich ihre Noten verteilen, körperlich distanzlos sind und schlimmstenfalls Schülerinnen oder Schüler sexuell belästigen.

Genaue Zahlen über die Häufigkeit derartiger Formen von Gewalt in Schulen gibt es nicht. Aber es macht die Sache für die betroffenen Schüler auch nicht besser, wenn es sich dabei »nur« um wenige schwarze Schafe handelt. Denn eins ist sicher: Solche Lehrerinnen und Lehrer fügen den Schülern großes Leid zu, zumal sich die Kinder und Jugendlichen wegen des Macht-Ungleichgewichtes nur schwer zur Wehr setzen können. Im Extremfall werden die betroffenen Schülerinnen und Schüler krank, und aus der Angst vor einzelnen Lehrern kann sich eine generelle Schulangst entwickeln.

Erschreckend ist sicher auch die Tatsache, dass man die Entwicklung eines solchen Lehrerverhaltens in den Schulen nur schwer oder gar nicht erkennt, und dass die offensichtlich (auch) überforderten Lehrer mit ihren schulischen sowie persönlichen Problemen alleine gelassen werden, bis schließlich die Situation eskaliert und die Lehrkraft sich immer häufiger auf Kosten der Schüler selbst zu stabilisieren versucht. Und fragwürdig ist sicher auch, dass man am Ende solche Kolleginnen und Kollegen nicht einfach aus dem Schuldienst entfernen kann, sondern dass sie nach einer eventuellen Versetzung an einer anderen Schule ihr Unwesen möglicherweise weiter treiben.

Tipps

- Nehmen Sie Ihr Kind ernst, wenn es von bedenklichen oder peinlichen Maßnahmen und Vorgehensweisen einzelner Lehrkräfte berichtet. Auch wenn es persönlich (noch) nicht von Entgleisungen oder Attacken betroffen ist, so ist es indirekt Teil des Geschehens und gerät möglicherweise in ein Dilemma. Vielleicht möchte es gerne einem gekränkten Kind beistehen, traut sich aber nicht und leidet dann »still« mit. *Hinsehen, Hinhören, Ernstnehmen ist daher oberstes Gebot für alle Eltern.*
- Überlegen Sie gemeinsam mit Ihrem Kind, ob es selbst – allein oder gemeinsam mit anderen Kindern – etwas tun kann, um beängstigende Situationen zu verhindern. Traut es sich beispielsweise, der Lehrkraft zu sagen, dass es beleidigende Äußerungen, ein Bloßstellen, eine völlig ungerechte Bewertung etc. nicht möchte oder akzeptiert? Machen Sie Ihrem Kind Mut, sich zu äußern und schreiben Sie ihm ruhig auch auf einem Zettel auf, *was es der Lehrkraft ggf. sagen kann,* wenn sich das unerträgliche Verhalten wieder einmal zeigt.
- Ist Ihr Kind das maßgebliche Ziel von Angriffen, Beleidigungen, Bloßstellungen, ungerechten Bewertungen seitens einer Lehrkraft, so müssen Sie ihm beistehen. Suchen Sie baldmöglichst das Gespräch mit dem betreffenden Lehrer/der betreffenden Lehrerin. Bei der Bitte um einen *persönlichen Gesprächstermin* können

Sie anregen, dieses Gespräch in Ihrer Wohnung oder Ihrem Haus zu führen. Sollte sich die Lehrkraft darauf einlassen, haben Sie gewissermaßen ein Heimspiel und es entsteht eine völlig andere Gesprächsatmosphäre als in der Schule. Egal ob zu Hause oder in der Schule: Beim Gespräch sollten Sie auf folgende Dinge achten: (1) Selbst ruhig bleiben. (2) Der Lehrkraft die Not des eigenen Kindes begreiflich machen, z. B. auf das Erleben des Kindes in der Schule und zu Hause eingehen. (3) Die Lehrkraft nicht vorschnell schuldig sprechen und auch anhören, was er oder sie zu sagen hat. (4) Mit Nachdruck eigene Wünsche und Appelle artikulieren; z. B. mitteilen, was man als Eltern keinesfalls tolerieren wird. (5) Führen Sie ein solches Gespräch, ohne dass Ihr Kind dabei ist. Dadurch wird es der Lehrkraft leichter fallen, sich zu öffnen, und zum anderen vermeiden Sie, dass Ihr Kind »zwischen die Fronten« und unter großen Druck gerät. Teilen Sie ihm aber im Nachgang mit, wie das Gespräch verlaufen ist und zu welchem Ergebnis es geführt hat.

- Eine andere Vorgehensweise besteht darin, der Lehrkraft einen *persönlichen Brief* zu schreiben, den Sie per Post versenden sollten. Achten Sie beim Verfassen darauf, dass er weder Angriffe noch pauschale Behauptungen enthält, sondern dass darin die Nöte Ihres Kindes und auch Ihre eigenen Sorgen zum Ausdruck gebracht werden. Möglicherweise ist der Brief auch ein Auftakt zum persönlichen Gespräch. Lassen Sie Ihren Briefentwurf von einer Freundin oder einem Freund gegenlesen und nehmen Sie das Feedback auf.
- Wenn sich am Verhalten der Lehrkraft trotz der persönlichen Gespräche und Appelle nichts ändert, gibt es die Möglichkeit weiterer Schritte: Gespräch mit dem Vertrauenslehrer der Schule, Gespräch mit der Klassenlehrerin, Gespräch mit der Schulleitung, Brief an die Schulaufsichtsbehörde, Dienstaufsichtsbeschwerde, gerichtliches Vorgehen.
- Leiden mehrere Schüler oder die ganze Klasse unter dem inakzeptablen Verhalten einer Lehrkraft, können auf einer Elternversammlung Maßnahmen und Strategien besprochen und geplant werden.
- Auch in den Gesprächen mit *Schulpsychologen* oder den *Familien- und Erziehungsberatungsstellen* können sich Schüler und Eltern wertvolle Unterstützung und Hilfe holen. Bei schwerwiegende-

ren Beeinträchtigungen oder schulbedingten psychosomatischen Erkrankungen benötigen Kinder und Jugendliche auch die Hilfe von *Kinderärzten oder -therapeuten.*

• Es mag befremdlich klingen, wenn ich an dieser Stelle auch betone, dass zynische, beleidigende oder selbstherrliche Lehrkräfte ihrerseits Hilfe und Unterstützung benötigen. Pädagogische Weiterbildung, kollegiale Praxisberatung und Supervision, ggf. auch psychotherapeutische Behandlung sind Ansatzpunkte, damit die Arbeit an der eigenen Person auf den Weg gebracht wird. Bringen Sie diesen Aspekt im Rahmen einer aktiven Elternarbeit mit in die Diskussion ein.

9. Konfliktstrategien bei der Bewältigung von strukturellen Problemen

Schule ist nicht gleich Schule. Die kleine Grundschule auf einem Dorf unterscheidet sich von einer großen städtischen Gesamtschule ebenso wie die Realschule in einem Problemviertel von einer Realschule in einem Nobelvorort. Und Hauptschule ist nicht gleich Hauptschule, Gymnasium nicht gleich Gymnasium. Neben der Größe der jeweiligen Schule, der vorherrschenden Schülerschaft, der Zusammensetzung des Kollegiums, der gelebten Schulkultur spielen eine ganze Reihe weiterer Faktoren eine nicht zu unterschätzende Rolle.

An erster Stelle ist sicher die *Schulleitung* (Schulleiterin, Stellvertreter) zu nennen. Sie beeinflusst durch ihr persönliches wie dienstliches Verhalten maßgeblich das Schulklima und alle administrativen Maßnahmen. Sind Schulleiter/Schulleiterin und Stellvertreter grundsätzlich den Menschen zugewandte Persönlichkeiten, werden sie im Umgang mit dem Lehrerkollegium, dem Hauspersonal, den Schülerinnen und Schülern, den Eltern sowie Schulbehörden vermutlich anders agieren als diejenigen Schulleiter, die die Schule als ihr »Herrschaftsgebiet« betrachten und sich gleichzeitig als Vollstrecker von behördlichen Vorgaben begreifen. Man kann sich gut vorstellen, welche unterschiedlichen Auswirkungen die eine oder eben die andere Schulleitung auf das Schul- und Arbeitsklima, die Mitbestimmung, die Kommunikation und auch die Zusammenarbeit mit den Eltern haben wird.

Bevor man allerdings vorschnell die eine Schule als gute und die andere als schlechte Schule etikettiert, sollte man sich klarmachen, dass die Qualitäten einer Schule von zahlreichen Faktoren und ihrem Wechselspiel bestimmt werden. Auch an einer autoritär geführten Schule treffen Kinder gewiss auf engagierte und verständnisvolle Lehrerinnen und Lehrer. Und auch Schulsekretärinnen oder ein Hausmeister, die immer ein offenes Ohr und Herz haben, können für einen gewissen sozial-emotionalen Ausgleich sorgen.

Nicht zu unterschätzen sind sicher auch die *äußeren Rahmenbedingungen*. Dabei spielen das *Schulgebäude*, die *Personaldecke* sowie die *finanziellen Möglichkeiten* eine wichtige Rolle. Liegt eine Schule beispielsweise in der Innenstadt an einer Hauptverkehrsstraße, ist sie veraltet, schlecht ausgestattet, dann sind Sich-Wohlfühlen und Lernen sicher erschwert. Liegt die Schule hingegen im Grünen, verfügt sie über helle, geräuscharme und gut ausgestattete Räume, können Freiflächen oder zusätzliche Arbeitsräume für Gruppenarbeiten genutzt werden, sind zudem günstige Möglichkeiten für Sport und Kultur vorhanden, dann wird das Lehren und Lernen sicher begünstigt. Und während an einer Privat- oder Projektschule eventuell der üppige Haushalt eine Beschäftigung zusätzlicher pädagogischer Kräfte ermöglicht, leidet eine andere Schule unter Umständen unter permanentem Personalmangel.

»Immer wieder sind unsere Overhead-Projektoren defekt; mal fehlen die Leuchtmittel, mal ist die Scheibe kaputt. Manchmal werden die Sachen erst nach Wochen repariert.«
Lehrer an einer Gesamtschule

»Wir brauchen dringend zwei Lehrkräfte für Mathematik und Kunst. Wir bekommen aber keine. Der Markt ist leergefegt.«
Schulleiter eines Gymnasiums

Für alle öffentlichen Schulen gilt, dass sie sich trotz zunehmender Selbstständigkeit ihr Lehrpersonal immer noch nicht in der erhofften Weise selbst aussuchen können. Und auch die Haushaltsvorgaben verhindern eine gewisse Flexibilität und so manch nötige Anschaffung. Diverse *Erlasse, Vorgaben* und von oben verordnete *Reformprojekte* können ebenfalls den praktischen und pädagogischen Gestaltungsraum einengen oder gar konterkarieren.

Schule muss also die vorgegebenen Grenzen akzeptieren und ist daher immer wieder auf das *Verständnis*, die *Hilfe* und *Mitarbeit von Schülern und Eltern* angewiesen. In den allermeisten Fällen klappt dieser Spagat auch gut, u. a. weil sich alle Beteiligten bemühen, das Bestmögliche aus der Sache zu machen. Eltern und Schüler sollten daher bei allen auftretenden Fragen und Problemen nicht vorschnell die »eigene« Schule angreifen. Verständnis zeigen heißt umgekehrt aber nicht, auch jene Zustände zu akzeptieren, die für Schüler (und Lehrer) unerträglich sind und das Lernen massiv beeinträchtigen. Dazu gehört neben den hausgemachten Problemen – wie Führungsschwäche, unzureichende Kommunikation, mangelhafte Zusammenarbeit mit den Eltern – vor allem auch der Umgang mit Unterrichtsausfall.

Führungsschwäche

Das Führungspersonal einer Schule besteht zumindest bei größeren Institutionen nicht nur aus der Schulleitung, sondern umfasst auch die Stufen- oder Bildungsgangleiter. Zielrichtung, Format und Klima der Schule bestimmt gleichwohl die Schulleitung. Nimmt sie ihre Aufgabe engagiert und mit dem nötigen Geschick wahr, dann wird sich das bis in den Unterricht hinein auswirken. Was können Eltern und Schüler aber tun, wenn die Schulleitung hier versagt, schlimmstenfalls schwach, faul oder selbstherrlich ist?

Tipps

- Wenn Sie als Eltern in der angenehmen Lage sind, die *Schule* für Ihr Kind *aussuchen* zu können, dann sollten Sie sich nicht nur über die fachlichen Angebote und das Schulprofil informieren. Erkundigen Sie sich vielmehr auch nach der *Arbeitsweise der Schulleitung*. Führt diese die Schule mit einer gelungenen Mischung aus Herzlichkeit, Klarheit und Schwung, ist dies eine gute Voraussetzung für ein positives Schulklima. Auch beim Umgang mit Neuerungen oder der Zusammenarbeit mit der Elternschaft sind dann positive Effekte zu erwarten.
- Im Umgang mit einer schwierigen Schulleitung wird man als Einzelner nur wenig ausrichten können. Allerdings bieten die schulrechtlich geregelten Mitwirkungsmöglichkeiten gute Chancen, gezielt Einfluss zu nehmen. Beispielsweise kann man über die *Mitwirkung* in der Klassen- und Elternpflegschaft oder als gewählte Vertreterin in der Schulkonferenz *gut vorbereitete Vorstöße* in diversen Angelegenheiten wagen. Vor allem die Schulkonferenz bietet sich an, um wichtige Dinge anzusprechen und auf den Weg zu bringen. In den einschlägigen Schulgesetzen[17] finden Sie genaue Hinweise, worüber dieses oberste Mitwirkungsgremium befinden und beraten kann. Insgesamt ist also Ihre *aktive eigene Teilnahme* gefragt. Trauen Sie sich die Tätigkeit eines gewählten Elternvertreters nicht zu, dann sorgen Sie mit Ihrer Unterstützung, Ihren Vorschlägen sowie Ihrem Stimmverhalten für eine Förderung der Elternanliegen.
- Sprechen Sie bei Elternsprechtagen, Elternabenden und Schulveranstaltungen einzelne Lehrkräfte auf aktuelle Missstände an.

Es versteht sich von selbst, dass dabei weniger über Schuldzuweisungen und Forderungen als über die Auswirkungen, Effekte und möglichen Lösungsansätze gesprochen werden sollte.

- Machen Sie sich bewusst, dass eine Schule zu leiten auch eine sehr undankbare Aufgabe sein kann. Menschen und Systeme führen zu müssen, ohne über einschlägige Motivierungs- oder Sanktionsmöglichkeiten zu verfügen (z. B. Bezahlung, Entlassung), ist eben besonders schwierig. Sicher auch ein Grund, warum sich oft nur wenige Bewerber für diese Funktion finden. Und bei der Auswahl spielen dann immer wieder auch sachfremde Argumente eine gewisse Rolle, wie z. B. politische Zugehörigkeiten und Beziehungen. Im Bewusstsein dieser Zusammenhänge wird es Ihnen vermutlich leichter fallen, auch kleinere Effekte und Fortschritte an Ihrer Schule wertzuschätzen. Ein positives Feedback an die Schulleitung kann möglicherweise erste Veränderungsprozesse anstoßen.
- Lassen Spannungen und Konflikte mit der Schulleitung auch auf Dauer nicht nach, so sollte man die schon mehrfach angesprochenen Wege gehen: das persönliche Gespräch suchen, Briefe schreiben, die Schulaufsicht ins Spiel bringen. Suchen Sie bei solchen Aktivitäten die Unterstützung anderer Eltern, auf die Sie sich auch im Falle einer weiteren Zuspitzung tatsächlich verlassen können.

Unzureichende Kommunikation

»Meistens erfährt mein Kind gar nicht, warum der Unterricht mal wieder ausfällt.«
Mutter eines Schülers

Eine gelingende Kommunikation ist die Grundvoraussetzung für das verträgliche Miteinander von Menschen. Jeder von uns weiß nur allzu gut, wie schwer es ist, im Alltag den Ansprüchen an wechselseitiges Zuhören, an Empathie, Offenheit, Transparenz und Klarheit gerecht zu werden. Und auch in geschäftlichen und öffentlichen Angelegenheiten machen wir oft die ungute Erfahrung, dass Kommunikation nicht in der Weise gelingt, wie es für die Sache und die beteiligten Personen gut wäre. Vor allem im Umgang mit Institutionen geraten Menschen nicht selten in die Rolle des Bittstellers, der gemäß den behördlichen Vorstellungen und Anweisungen zu funktionieren hat.

Oftmals handeln auch Schulleitungen mit einer gewissen Selbstherrlichkeit, wohl auch, weil sie nicht verstanden haben, dass die Schule zunächst einmal für die Kinder da ist und der Allgemeinheit verpflichtet ist. Wäre dieses Selbstverständnis gegeben, sähen oft auch das Verhalten und die Kommunikation anders aus. Bei vielen Angelegenheiten und Anlässen würde es dann Transparenz und Offenheit geben, man würde auch den Schülern und Eltern mehr das Gefühl geben, zumindest im Rahmen der Kommunikation auf Augenhöhe zu sein. Zugegebenermaßen zeigen allerdings auch manche Eltern kein Interesse an diesen Dingen, oder es fehlt die Zeit und Kraft, den Kontakt zu den Lehrerinnen und Lehrern zu suchen oder sich um schulische Angelegenheiten zu kümmern.

Ob es an Ihrer Schule eine überzeugende Kommunikationskultur gibt, können Sie anhand der Liste von Merkmalen für ein gutes Schul- und Lernklima in Kapitel 3 (Übersicht 13, Seite 66 f.) überprüfen. Nehmen Sie die Situation hingegen als unbefriedigend wahr, so helfen Ihnen vielleicht die nachfolgenden Anregungen weiter.

Tipps

- Ein einfaches und zugleich überaus wirksames Kommunikationsmittel zwischen der Lehrkraft, den Schülern und Eltern ist zumindest in der Grundschule die unmittelbare Benachrichtigung über einen *Hefteintrag*. Väter und Mütter erfahren so, worauf ihr Kind oder sie selbst zu achten haben, und auch umgekehrt lässt sich problemlos, schnell und sehr persönlich eine Nachricht, Bitte oder Rückmeldung übermitteln. Vielleicht lassen sich ähnliche Effekte auch in den Sekundarstufen über eine Nutzung geschützter Kommunikationsräume im Internet erreichen.
- *Elternversammlungen* sind gute Gelegenheiten, auf Missstände in der Kommunikation hinzuweisen. Erklären Sie am konkreten Beispiel, wie Sie sich zufriedenstellende Abläufe vorstellen, etwa mit Blick auf die rechtzeitige und anschauliche Information der Schülerinnen und Schüler. Allgemeine Daten zu anstehenden Projekten, Klassenfahrten, Lehrerfortbildungen usw. lassen sich unter Beachtung datenrechtlicher Bestimmungen sicher auch auf der Homepage der Schule ablegen.

- Vielleicht ist es den Eltern aber auch lieber, einen regelmäßig oder zu bestimmten Anlässen erscheinenden *Eltern- und Schülerbrief* zu erhalten, in dem die Schule wichtige Anliegen veröffentlicht und darstellt. Wird dieses Medium auch im Sinne eines Dialogangebotes verstanden, können interessierte Eltern und Schüler ebenfalls mit Briefen ihre Meinung äußern. Dabei kann man die Schülerinnen und Schüler durchaus auch als Kuriere nutzen.
- Eine *Schülerzeitung* ist zumindest für die Schüler eine Möglichkeit, den eigenen Anliegen Ausdruck zu verleihen. Über sie lässt sich auch ein Diskussionsforum initiieren.
- Ergeben sich bei Ihren persönlichen Kontakten und Anfragen, beispielsweise mit dem Schulbüro, belastende Kommunikationssituationen, so notieren Sie diese. Häufen sich solche Momente, sollten Sie das Gespräch mit den Beteiligten suchen und um Abhilfe bitten.
- Regen Sie im Rahmen Ihrer Elternarbeit einmal an, eine kleine Projektgruppe ins Leben zu rufen, die die Art und Weise der schulischen Kommunikation untersucht und ggf. Verbesserungsvorschläge macht, die dann in der Schulkonferenz zur Diskussion und Abstimmung eingebracht werden. Diese Gruppe sollte aus Vertretern der Lehrerschaft, der Schüler und Eltern sowie einer Person vom Büropersonal bestehen.
- Fragen Sie bei einer passenden Gelegenheit einmal den Klassenlehrer, welche Erfahrungen man an der Schule mit *Metaunterricht* oder *Unterrichtserforschungen* gemacht hat. In einem Gespräch über den Unterricht (Metaunterricht), beispielsweise zum Wochen- oder Monatsende, wird gemeinsam mit den Schülern überlegt, was gut und was weniger gut gelaufen ist und was verbessert werden kann. Auch die Bedeutung der Schülervertretung (SV) und der Vertrauenslehrerin sagen viel über die demokratischen Strukturen und die tatsächliche Kommunikationssituation an einer Schule aus.
- Feedback geben und annehmen will gelernt sein. Vielfach erleben Menschen Feedback als Nörgelei und betrachten Kritik nicht als Chance, sondern als Angriff auf die eigene Person. Sie als Eltern können mit Ihrer Form der Rückmeldung durchaus zur Entwicklung einer positiven Kommunikationskultur beitragen. Beispielsweise sollten Sie den Lehrkräften nicht nur dann Feedback

153

geben, wenn etwas schiefläuft, sondern auch dann, wenn sie ihren Job gut gemacht haben. In der Folge lässt sich Kritik dann oft auch leichter annehmen, erst recht, wenn sie nicht als Vorwurf oder Anschuldigung daherkommt.

Unterrichtsausfall

»Meine Tochter geht jetzt in die dritte Klasse der städtischen Grundschule. Anfangs war ich noch ganz begeistert, allein wegen des tollen Schulprogramms. Doch bereits im ersten Schuljahr fielen ständig Stunden aus. Das ging im zweiten Schuljahr so weiter. Nun ist die damalige Lehrerin in Pension und ich dachte, dass es jetzt mit dem Unterrichtsausfall besser werden würde. Aber auch die neue Lehrerin ist nun ständig krank! Heute, an ihrem ersten Schultag, fehlte sie wieder. Vermutlich wird sie jetzt drei Wochen ausfallen. Laut Schulleiterin ist an eine feste Vertretung nicht zu denken.«
Klage einer besorgten Mutter

So wie die zitierte Mutter beklagen viele Eltern den ständigen Unterrichtsausfall, vor allem, weil sie sich Sorgen machen, dass ihre Kinder benachteiligt sind, weil sie den Stoff nicht mehr »am Stück« lernen. Verständlicherweise wünschen sich die meisten Eltern für ihr Kind die bestmögliche Bildung und die besten Chancen. Und deshalb ist es ihnen egal, ob der Unterrichtsausfall auf eine einzelne (erkrankte) Lehrkraft oder den allgemeinen Lehrermangel für ganz bestimmte Fächer zurückzuführen ist. Dabei scheint der generell wahrgenommene Unterrichtsausfall in deutlichem Widerspruch zu den vorgelegten Statistiken und den Beteuerungen der Bildungspolitiker zu stehen. Denn diese betonen immer wieder, dass sich das Problem in ihrem Land oder Schulbezirk in vertretbaren Grenzen halte.

Um das Übel zu bekämpfen, wurde in manchen Ländern und Schulbezirken so etwas wie eine mobile Einsatzgruppe von Vertretungslehrerinnen und -lehrern eingerichtet. Aber auch diese Maßnahmen bringen auf Dauer wenig, wenn der Stellenmarkt keine geeigneten Bewerber hergibt, es an allen Ecken und Enden brennt oder man in der Schule nicht genau weiß, wann und ob eine erkrankte Lehrkraft wieder ihren Dienst aufnimmt. Hier und da behelfen sich Schulen dann damit, pensionierte Kolleginnen und Kollegen mit einigen Stunden weiterzubeschäftigen oder auch schulfremde Personen stundenweise einzusetzen (z. B. Mütter oder Väter, die man als geeignet einschätzt). Und selbst dort, wo die Vertretungsstunden von »richtigen« Lehrerinnen gehalten werden, findet oft de facto oft kein ordentlicher Unterricht, sondern Beschäftigung, Betreuung oder nur Aufsicht statt.

Zugegebenermaßen wird die Situation auch dadurch nicht einfacher, dass sich die allermeisten Schülerinnen und Schüler freuen, wenn der Unterricht ausfällt. Den meisten Erwachsenen wird es in ihrer Schulzeit ähnlich gegangen sein. Eine Stunde, die ausfällt, ist für Schüler zunächst einmal eine willkommene Gelegenheit, Pause zu machen, sich zu erholen und Dinge zu tun, die mehr Spaß machen als im Unterricht zu lernen und zu arbeiten. Allerdings ändert so mancher Schüler seine Meinung, wenn Klassenarbeiten, Klausuren oder Abschlussprüfungen, z. B. die Abiturprüfung, anstehen.

Nun nutzt es reichlich wenig, wenn sich Eltern immer wieder über den Unterrichtsausfall oder wiederholte vorübergehende Erkrankungen von Lehrerinnen und Lehrer ärgern. Sinnvoller ist es, auf mehreren Ebenen aktiv zu werden.

Übersicht 27: Die verschiedenen Ebenen, auf denen bei Unterrichtsausfall gehandelt werden kann

Ebene	Zielrichtung / Positive Effekte
1. Kompensation durch die *Lernenden selbst*	• vorübergehende Selbsthilfe der Schüler • selbstständiges Arbeiten wird gefördert • Selbstverantwortung für das Lernen wird gestärkt • kooperatives Lernen wird gestärkt
2. Mit Nachdruck bei der *Schulleitung* für Abhilfe sorgen	• Vermeidung von Unterrichtsausfall • Entwicklung eines griffigen Vertretungskonzeptes durch die Schule • Rechtzeitige und gezielte Personalpolitik – alle Beteiligten gewinnen Klarheit – Vertretungsunterricht erfüllt gewisse Standards, wie Stoffkontinuität, Absprachen im Lehrerteam usw. – kurz- und mittelfristiges Schließen von Personallücken – ggf. Hilfestellung durch Eltern

Ebene	Zielrichtung / Positive Effekte
3. Die *Schulaufsichts-behörde* informieren	• Personalpolitische Maßnahmen ergreifen • Schulpolitische Initiativen starten – Die Schulaufsicht wird in die Pflicht genommen, z. B. auch bei Kontrollen der Schulen, aber auch mit Blick auf Rückmeldungen an die Schulministerien

4. Für *Öffentlichkeit* sorgen	• Der Unterrichtsausfall geht alle etwas an
	• Werbung um Unterstützung der Eltern und der Schule
	  – Breite Diskussionen sensibilisieren die Gesellschaft für schulpolitische Themen
	  – Politiker der Region werden sensibilisiert
	  – Bürger entwickeln mehr Verständnis für nötige Haushaltsentscheidungen

Auf allen Ebenen gilt es mit Augenmaß zu handeln. Vor allem, weil man als Eltern in der Regel zu wenig Einblick in die Personalsituation sowie die schulischen Einsatzpläne und Möglichkeiten hat. Auch kennt man sich zu wenig mit den Stoffverteilungsplänen oder den didaktischen Mitteln der Lehrkräfte aus. Und man darf auch nicht vergessen, dass das Problem des Unterrichtsausfalls vor allem durch die Schulleitung sowie die Lehrerinnen und Lehrer gelöst werden muss.

Tipps

- Schließen Sie sich mit anderen Eltern zusammen, starten Sie erste Maßnahmen und überlegen Sie, worin die nächsten Schritte bestehen, falls sich nichts tut.
- Versuchen Sie, Ihr Kind dazu zu motivieren, dass es sich selbstständig mit dem anstehenden Stoff auseinandersetzt. Unterstützen Sie es dabei, so gut Sie können. Sie können das Schulbuch und seriöse Internet-Quellen zu Hilfe nehmen. Selbstständiges Lernen fällt leichter, wenn es gemeinsam mit anderen Schülern stattfindet, mit denen Ihr Kind gut auskommt.
- Fragen Sie bei der Schulleitung nach, wie sie das Problem des Unterrichtsausfalls lösen möchte. Zeigen Sie in diesem Gespräch auch *Verständnis für die Nöte der Schule;* lassen Sie sich gleichzeitig aber nicht vertrösten, sondern fragen Sie nach, *was denn nun die nächsten Schritte* sein werden und *bis zu welchem Zeitpunkt* mit einer praktischen Umsetzung zu rechnen ist. Prüfen Sie nach, ob

dann tatsächlich etwas passiert. Auch hierbei brauchen Sie die Unterstützung durch andere Väter oder Mütter. Neben Einzelnachfragen können Sie selbstverständlich auch die Klassen- und Schulpflegschaften einschalten. Elternabende zum Thema können auch andere Eltern motivieren, sich zu engagieren.

- Gibt es an der Schule Ihres Kindes ein *vernünftiges Vertretungskonzept?* Sie erkennen es daran, dass es zwischen den Lehrkräften entweder thematische Absprachen gibt – so dass die Kinder in der Vertretungsstunde mit dem gewohnten Stoff weiterarbeiten können – oder in der Vertretungszeit in einem anderen Fach vorgearbeitet wird, damit die ausgefallene Stunde dann später an anderer Stelle nachgeholt werden kann. Nützlich kann eine Vertretungsstunde beispielsweise aber auch sein, wenn der Vertretungslehrer mit den Kindern allgemeine Lernstrategien einübt, ihr Denken schult, ihre Lesefertigkeit oder Kreativität fördert. Lassen Sie sich also von Ihrem Kind erzählen, was es konkret in den Vertretungsstunden gemacht und gelernt hat. Stellt sich dabei heraus, dass die Schüler durchgängig bloß beaufsichtigt oder gar in Pause geschickt wurden, dann suchen Sie das Gespräch mit dem Klassenlehrer oder der Schulleitung und weisen Sie auf diesen Missstand hin.

- In der Schule *fällt Unterricht häufig auch wegen schulischer Anlässe aus.* Sei es, dass Schulfeste oder Sportturniere stattfinden, Studienfahrten anderer Klassen oder Kurse anstehen, Lehrer wegen pädagogischer Arbeitstage oder Fortbildungen freigestellt sind, Elternsprechtage anfallen usw. Bemühen Sie sich in solchen Fällen um *Verständnis dafür, dass Lehrerinnen und Lehrer diese dienstlichen Anlässe wahrnehmen.* Sie kommen direkt oder indirekt dem eigenen Kind zugute. Ob dann allerdings immer alle Schüler vom Unterricht freigestellt werden müssen, ist eine andere Frage. Zumindest ab und an können die Freistunden von den Schülern sicher auch für das eigene Lernen in der Schule genutzt werden. Beispielsweise könnten dann gemeinsam Hausaufgaben oder Projektaufgaben erledigt werden, oder Nachhilfestunden durch Mitschüler werden in die Freistunde verlegt.

- Eltern sind, wie an anderer Stelle bereits erwähnt, nicht an einen Dienstweg gebunden, wenn sie etwas gegen unbefriedigende Zustände unternehmen möchten. Insofern sind Maßnahmen wie eine schriftliche Beschwerde bei der Schulaufsichtsbehörde,

Schreiben an das Schulministerium, Einbezug der Presse und Medien (z.B. lokaler Radiosender) jederzeit möglich. Jedoch sollten Sie die Schulleitung fairerweise im Vorfeld über derartige Maßnahmen informieren, damit sie nicht davon überrascht wird.

Unbefriedigende Elternarbeit

Schule und Elternarbeit sind eng miteinander verzahnt, wie Gerhard Eikenbusch prägnant auf den Punkt bringt: »In der Grundschule musst du Plätzchen backen – später darfst du höchstens noch kleine Brötchen backen!« »Lehrkräfte liefern Unterricht, den die Eltern kennen und mit dem sie zufrieden sein können, und die Eltern liefern die häusliche Unterstützung und die Erziehung der Kinder, die die Lehrkräfte brauchen, um diesen Unterricht zu machen.«[18] Eikenbuschs Äußerung weist ebenso auf die Tatsache hin, dass beide, Schule und Elternarbeit, oft unreflektiert an Traditionen und Verhaltensweisen festhalten, die in der Gegenwart nicht (mehr) konstruktiv sind. Um dies zu ändern und aus einer stillen Partnerschaft eine aktive Zusammenarbeit entstehen zu lassen, gilt es Vorurteile zu überwinden.

Eltern können etwa durch die folgenden inneren Haltungen blockiert sein, was Veränderungen betrifft: Sie sehen nur die Belange des eigenen Kindes und nicht die schulischen Rahmenbedingungen. Oder sie führen Verhaltensweisen fort, die in ihrer eigenen Schulzeit entstanden sind (z.B. Angst vor Lehrern oder deren grundsätzliche Ablehnung). Und manche Eltern verhalten sich wie Kunden im Geschäft, pochen auf ihre Rechte und wissen um ihre Reklamationsmöglichkeiten.

Lehrerinnen und Lehrer hingegen sehen oft vor allem ihr Fach und haben zu wenig Zeit für Gespräche und Kontakte. Sie betrachten Eltern dann tendenziell als »Störende« und verhalten sich entsprechend distanziert. Oder sie haben Angst, dass man Schwächen bei ihnen erkennen könnte oder ihnen noch mehr Arbeit aufgelastet wird. Stehen Eltern und Lehrer einander mit einem solcherart begründeten Misstrauen gegenüber, ist es schwierig, Schule miteinander zu gestalten. Und wenn Konflikte entstehen, sitzt die Schule letztlich am »längeren Hebel«.

Die Schul- und Unterrichtsentwicklung der letzten Jahre hat allerdings zu einem ersten Umdenken geführt. Schulen öffnen sich zunehmend für eine Zusammenarbeit mit den Eltern und finden neue Wege des Miteinanders. Gleichzeitig sind heute viele Eltern nicht mehr bereit, sich von der Schule alles vorgeben zu lassen; vor allem weil ihnen die Bildungschancen der eigenen Kinder überaus wichtig geworden sind. Insofern vertrauen sie nicht mehr uneingeschränkt darauf, dass die Schule schon ihr Bestes dazu tun wird, sondern wollen Einsicht in die Arbeit und Abläufe haben und beanspruchen auch ein gewisses Maß an Mitwirkung.

Bedauerlicherweise steht ein solches Anspruchsdenken der Eltern gelegentlich im Widerspruch zu dem, was sie selbst aktiv beizutragen bereit sind. Dabei steigen die Chancen auf eine Veränderung zum positiven mit dem Ausmaß des eigenen Engagements. Eins ist sicher: Eine fruchtbare Zusammenarbeit von Eltern und Lehrern kommt auf beiden Seiten ohne (Mehr-)Arbeit nicht aus. Aber diese Arbeit lohnt sich, weil man viel voneinander mitbekommt, die »andere Seite« besser verstehen lernt und vor allem die Kinder schließlich davon profitieren. Bedenken Sie nicht zuletzt auch, um wie viel befriedigender es für Sie selbst ist, Ihre Energie in eine sinnvolle Zusammenarbeit zu investieren statt in immer neuen Ärger und ggf. Beschwerden bei Lehrern, Schulleitung oder Schulamt.

Wie kann nun eine konkrete, aktive Elternarbeit an »Ihrer« Schule aussehen?

Übersicht 28: Ideen für eine erweiterte Elternarbeit

Ziele	*Beispiele/Ideen*
Eltern an der allgemeinen Unterrichts- und Qualitätsentwicklung in der Schule beteiligen	• *Workshops für Eltern,* in denen diese z. B. neue Lernmethoden selbst ausprobieren können. • *Themenabende* zu verschiedensten Anlässen, z. B. zu Lerntheorien, Medienerziehung, zum Umgang mit Gewalt, zur Gesundheitsförderung usw., bei denen auch Eltern Referenten sein können oder mit aussuchen, wer als Expertin / Experte eingeladen wird. • *Besuchstage* und *Gespräche über guten Unterricht,* z. B. auf der Basis eines Video-Mitschnitts oder einer Hospitation im Unterricht. • *Evaluationen* und Rückmeldungen zu wichtigen Aspekten von Unterricht und Erziehung sowie Diskussion der erhobenen Daten.

Ziele	Beispiele/Ideen
Fundierte Gespräche über das Lernen des Kindes	• Regelmäßige *Sprechstunden für persönliche Gespräche und Anliegen* – für Klassenlehrer obligatorisch. Der Lehrer/die Lehrerin bekommt dadurch die Chance, sich ein genaueres Bild zu machen, unter welchen Umständen und Voraussetzungen beim jeweiligen Schüler Lernen stattfindet. • *Entwicklungsgespräche über das Kind und mit ihm* einmal im Halbjahr/Jahr. Diese ersetzen die Viertelstundengespräche am Elternsprechtag.
»Traditionelle« Mitarbeit von Eltern	• Betreuung der Cafeteria, Hilfe bei Ausflügen, Sport- und Kulturangeboten; *kleinere Hilfstätigkeiten* bei der Beschaffung von Material oder bei der Gestaltung des Klassenraums. • *Mitarbeit* in Ausschüssen, Projektgruppen, in der Klassen- und Schulpflegschaft und in anderen Gremien auf kommunaler oder Landesebene.

Für eine neue Art der Kooperation von Eltern und Schule sind vor allem die beiden erstgenannten Zielbereiche interessant, weil sie über das klassische Verständnis von Elternarbeit hinausgehen. Das fordert vor allem auf Seiten der Lehrkräfte teils ein neues Denken und Handeln.

Was aber kann man tun, wenn in der Elternarbeit nicht viel passiert und sich die Lehrerinnen und Lehrer einem Wandel verschließen?

Tipps

• Wenn Sie sich bereits in den »traditionellen« Formen der Elternarbeit engagiert haben, verfügen Sie über einen guten Zugang zur Schule und dem verantwortlichen Leitungs- und Lehrpersonal. Diese *informellen Kanäle* können Sie nutzen, um behutsame Vorstöße in die von Ihnen gewünschte Richtung zu unternehmen. Sie können beispielsweise beginnen, indem Sie darüber sprechen, welche Formen der Elternarbeit an anderen Schulen ausprobiert werden und was sich bewährt hat. Für Ihre weiteren Bemühungen werden Sie die Mithilfe und Unterstützung anderer Eltern brauchen. Suchen Sie sich also Verbündete, von denen Sie wissen, dass sie bereit sind, sich aktiv einzubringen.
• Achten Sie darauf, gegenüber den Lehrerinnen und Lehrern nicht in der Rolle desjenigen aufzutreten, der alles besser weiß, sondern *begreifen Sie sich als Lernende*. Fragen Sie beispielsweise

bei der Schule an, ob Workshop-Angebote denkbar sind, die durch die Expertise der Lehrkräfte getragen werden. Das ist für die Lehrer nicht nur eine Bestätigung, dass Sie als Eltern ihre anspruchsvolle Tätigkeit wahrnehmen, sondern signalisiert auch, dass es Ihnen nicht darum geht, den Status des Lehrpersonals in Frage zu stellen. Themen und Inhalte solcher Workshops könnten beispielsweise sein: Methodentraining, Nutzung moderner Medien / des Internets beim Lernen, Vorstellung bereits erprobter Ansätze und Projekte z. B. zur Lese-, Umwelt-, Gesundheits- oder interkulturellen Erziehung usw.

- Dass Schule und Eltern *gemeinsam* an der *konkreten Unterrichtsentwicklung* arbeiten, setzt voraus, dass sich genügend Lehrerinnen und Lehrer finden, die offen für Rückmeldungen von den Schülern und der Elternschaft sind. Realistischerweise sollten Sie davon ausgehen, dass dies nur ein Teil der Lehrerinnen und Lehrer sein wird. Noch ist es so, dass viele Lehrer von den Eltern in erster Linie erwarten, dass diese ihre Kinder dahingehend erziehen, dass sie im Unterricht möglichst nicht stören und brav ihre Hausaufgaben machen. Verbuchen Sie es also als Erfolg, wenn Sie den einen oder anderen Klassen- oder Fachlehrer für eine gemeinsame Unterrichtsentwicklung gewinnen können. Wenn die Kooperation gut funktioniert, dürfen Sie davon ausgehen, dass sich dies dann auch herumsprechen wird – bei anderen Lehrern, bei Schülern und bei ihren Eltern.

- Die gute Zusammenarbeit von Eltern, Schülern und Lehrern zeigt sich im Kleinen vor allem bei den Beratungsanlässen. Ein förderliches *Beratungsgespräch* ist keine Einbahnstraße, sondern bezieht die Eltern und den Schüler und deren Wissen aktiv mit ein. Gemeinsam entwickelt man Vorstellungen, wie das Lernen und die Entwicklung weiter gefördert werden können, und überlegt ggf. auch, welche Maßnahmen neben der Schule dabei hilfreich sein könnten. Eine echte Beratung ist damit mehr als die vielfach noch anzutreffenden, einseitigen Berichterstattungen der Lehrkraft über den Leistungsstand des Kindes. Sie selbst können Ihre Rolle im Beratungsgespräch stärken, indem Sie sich nicht nur anhören, was der Lehrer zu sagen hat, sondern Fragen stellen, etwa , …
  – an *welcher Stelle* und *wie* Ihr Kind sein Lernen verändern kann,
  – auf *welche Stärken* es sich dabei stützen kann,

- welche *weiteren Unterstützungsmöglichkeiten* die Lehrkraft sieht (mögliche Lernpartner, Förderangebote der Schule, Maßnahmen im eigenen Unterricht).
- Für ein derartiges Gespräch reichen 15 Minuten in der Regel nicht aus. Es empfiehlt sich also, sie außerhalb der üblichen Elternsprechtage zu führen. Informieren Sie die Lehrkraft im Vorfeld über das, was Sie interessiert, und lassen Sie ihr ausreichend Zeit, sich auf das Gespräch vorzubereiten. Für Lehrer bedeuten solche Gespräche einen gewissen zusätzlichen Aufwand. Wählen Sie darum für die ausführlichere Rücksprache die ruhigeren Zeiten des Schuljahres aus, zu denen die Lehrer nicht wegen heranrückender Prüfungstermine oder Zeugnisvergaben unter erhöhtem Druck stehen. Damit sollte einer erfolgreichen und fruchtbaren Verständigung eigentlich nichts mehr im Weg stehen.

10. Wenn man weitere Hilfe braucht

*»Krisen stellen nicht nur eine Herausforderung,
sondern auch eine Chance dar.«*

*»Bisweilen ist professionelle Hilfe nötig, um die
Schulzeit gut bewältigen zu können.«*

Die allermeisten Eltern und Kinder erleben irgendwann im Laufe der
Schulzeit schwierige Situationen. Das ist keine Schande, und es führt
auch in den meisten Fällen nicht zu einer Krise. Meist lassen die Probleme sich selbstständig angehen und mit ein bisschen Bedacht lösen. Das
Wichtigste dabei: im Gespräch bleiben. An erster Stelle natürlich mit
dem eigenen Kind, aber auch mit befreundeten Eltern und deren Kindern sowie mit Lehrern, etwa dem Klassenlehrer, Beratungslehrer, Vertrauenslehrer, Religionslehrer. Und selbstverständlich bietet inzwischen
das Internet genügend Möglichkeiten, sich kostenlos und schnell zu informieren (siehe dazu die im Anhang angegebenen Adressen).

Allerdings ergeben sich hin und wieder auch Probleme und Belastungen, die man alleine nicht bewältigen kann. Behalten Sie dann im Hinterkopf, dass jede Krise auch die Chance zur Weiterentwicklung bietet.
Holen Sie sich gleichwohl die Hilfe von Experten. Zeigt ein Kind z. B.
bestimmte Lese- oder Rechtschreibschwierigkeiten, leidet es unter psychosomatischen Beeinträchtigungen, hat es Gewalt erlebt, ist es dringend
anzuraten, Fachleute hinzuzuziehen. Aber auch mit den Folgen von persönlichen Schicksalsschlägen, familiären Nöten, gravierenderen Veränderungen der Lebensumstände etc. kommt man mitunter nicht alleine
zurecht. Und ab und an können auch Konflikte mit Lehrern oder der
Schulleitung so eskalieren, dass nur noch ein Gespräch mit Experten tatsächlich weiterhelfen kann.

Die Vorstellung, professionellen Rat zu suchen, vor allem von Psychologen oder Therapeuten, löst bei vielen Menschen immer noch ein leichtes Befremden aus. Sicherlich spielt dabei eine Rolle, dass man sich dafür
schämt, Hilfe zu brauchen. Man fürchtet daneben aber auch, in der Beratung vertrauliche Dinge ausbreiten zu müssen, über die man am liebs-

ten mit niemandem reden würde. Bewusst oder unbewusst wird man sich fragen, welche Rolle in der Beratung der eigene Anteil am Konflikt oder der krisenhaften Situation spielen wird. Muss man am Ende gar ein ganz anderer Mensch werden, damit sich etwas bessert? Solche und ähnliche Überlegungen können Menschen davon abhalten, sich professionell helfen zu lassen. Für Kinder, Jugendliche und ihre Eltern ist es darum zunächst einmal wichtig, sich klarzumachen, dass weiteres Abwarten das Problem vermutlich noch verschlimmert. Hilfreich kann sein, zunächst kleine Schritte zu machen. Fragen Sie einen Menschen, dem Sie vertrauen, ob er Erfahrungen mit professioneller Beratung hat oder jemanden kennt, der davon profitiert hat. Das kann etwa der Hausarzt sein, der Ihre Familie schon länger kennt, aber auch eine befreundete Mutter. Darüber hinaus wird man bei den einschlägigen Beratungsstellen ja in der Regel nicht gleich persönlich vorstellig, sondern vereinbart zunächst telefonisch das weitere Vorgehen. Auch das hilft, die Hemmschwelle zu senken.

Im Folgenden möchte ich kurz darauf eingehen, wohin Sie sich wenden können, wenn Sie das Gefühl haben, alleine nicht weiterzukommen.

Familien- und Erziehungsberatungsstellen

Familien- und Erziehungsberatungsstellen sollen Kinder, Jugendliche, Eltern und andere Erziehungsberechtigte bei individuellen und familienbezogenen Schwierigkeiten unterstützen, mit ihnen gemeinsam die Ursachen für Probleme klären und nach Lösungen suchen. Sie als Eltern finden dort also vor allem Hilfe bei familiären und persönlichen Schwierigkeiten, bei Verhaltensauffälligkeiten Ihres Kindes, bei psychosomatischen Beschwerden, bei Ess- und Schlafstörungen usw. Aber auch Fragen zu Partnerschaft, Trennung und Scheidung können dort geklärt werden. In den Beratungsstellen arbeiten je nach Standort, Ausrichtung und Trägerschaft vor allem Psychologinnen und Sozialpädagogen, aber auch Kinder- und Jugendlichenpsychotherapeutinnen, Heilpädagogen, Ärztinnen und andere Fachkräfte.

Die Familienberatung erfolgt grundsätzlich freiwillig, d. h. man muss sich als Eltern selbst anmelden und zur Mitarbeit bereit sein. Eltern und andere Sorgeberechtigte haben einen Rechtsanspruch auf Erziehungsberatung; diese kann also nicht abgelehnt werden. Darüber hinaus ist die Beratung gemäß Kinder- und Jugendhilfegesetz kostenfrei. Wichtig auch zu wissen: Die Berater und Beraterinnen unterliegen der Schweigepflicht (§ 203 StGB). Beratungsstellen können von Kommunen, Landkreisen oder von anerkannten freien Trägern unterhalten werden (Arbeiterwohlfahrt, Caritas, Paritätischer Wohlfahrtsverband, Diakonisches Werk).

Tipps

- Vor allem bei psychosozialen Problemen nehmen Menschen den Rat von Experten häufig erst dann in Anspruch, wenn ihr Leidensdruck übergroß geworden ist. Dabei ist es ratsam, gerade in diesem Bereich *frühzeitig Hilfe* zu suchen, bevor wenig erfolgreiche oder gar krankmachende Bewältigungsstrategien sich allzu sehr verfestigt haben. Probleme wie etwa Schulangst, eine Depression oder gravierende Eltern-Kind-Konflikte betreffen darüber hinaus nie nur eine Person allein. Rechtzeitig Hilfe zu suchen, kann also eine längere Leidensgeschichte der gesamten Familie verhindern.
- Bringen Sie bei Ihrer Gemeinde oder im Internet in Erfahrung, wo sich die nächste Beratungsstelle befindet. In der Regel genügt ein Anruf oder der Besuch in der offenen Sprechstunde, um einen ersten Termin zu vereinbaren.
- Arbeiten Sie *aktiv* mit den Beraterinnen zusammen. Erwarten Sie nicht, dass diese für Sie die Probleme lösen. Die Aufgabe der Beraterin, des Beraters besteht vor allem darin, Ihr eigenverantwortliches Handeln zu unterstützen.

Schulpsychologischer Dienst

Der schulpsychologische Dienst gilt in der Regel als gemeinsame Aufgabe von Ländern und Kommunen und wird in größeren Städten zumeist durch die Kommune selbst, ansonsten oft in Kooperation von Kreisen und kreisfreien Städten durchgeführt. Die Angebote sind auch hier kostenfrei. Der schulpsychologische Dienst stützt sich bei seiner Arbeit auf die Erkenntnisse der Wissenschaften, die für die Schule von Bedeutung sind, also z. B. Pädagogik, Motivationspsychologie, Lernpsychologie, Entwicklungspsychologie usw. Die Mitarbeiterinnen und Mitarbeiter kennen sich aber auch mit den praktischen Problemen, den Aufgaben und Kompetenzen der Lehrkräfte gut aus. Sie unterstützen ja auch beide Seiten: die Schulen sowie die Schüler und deren Eltern. Zu den speziellen Beratungs- und Unterstützungsangeboten für Schüler und Eltern gehören im Allgemeinen:

- Schullaufbahnberatung,
- Beratung bei Lern- und Leistungsproblemen,
- Beratung zum Arbeitsverhalten, z. B. zur Hausaufgabensituation,
- Beratung bei besonderen Begabungen,
- Beratung bei Mobbing und Stress mit anderen Kindern oder Jugendlichen,
- Beratung bei Schul- oder Prüfungsangst,
- Beratung bei besonderen Lernproblemen, auch bei Konzentrationsschwierigkeiten,
- Beratung bei schwerwiegenderen Problemen mit einzelnen Lehrkräften oder der Schule,
- Initiierung von Ferien- und Stützkursen,
- Betreuung des Zeugnistelefons.

Natürlich können die Ratsuchenden von den Mitarbeitern auch hier Unabhängigkeit und absolute Verschwiegenheit erwarten, ebenso, dass sich die Beratung an ihren konkreten Bedürfnissen orientiert. Gerade auch bei Einzelberatungen von Schülern (»Mein Vater setzt mich beim Lernen immer unter Druck«; »Ich habe da in der Schule großen Mist gebaut …«) oder Eltern (»Ich komme mit meinem Kind gar nicht mehr klar«; »Ich habe da ein großes Problem mit dem Schulleiter«) sind diese Prinzipien besonders wichtig.

Tipps

- Vor allem, wenn Ihnen die Erklärungsansätze der Schule für die Schwierigkeiten Ihres Kindes nicht ausreichen, wenn Sie sich eine zusätzliche Meinung zum Umgang mit Lernproblemen, Beeinträchtigungen oder besonderen Begabungen Ihres Kindes wünschen, finden Sie beim schulpsychologischen Dienst die nötige Hilfe.
- Ausgangspunkt für eine Beratung durch Schulpsychologen können aber auch familiäre oder private Schwierigkeiten sein. Schulpsychologen stellen gegebenenfalls auch den Kontakt zu Jugendämtern, Erziehungsberatungsstellen oder Psychotherapeutinnen und Ärzten her.

Im Folgenden finden Sie einige Beispiele für eine mögliche Beratung durch den schulpsychologischen Dienst:

Lara gibt sich viel Mühe, hat aber große Probleme beim Lesen und Schreiben.

Max wird von der Grundschullehrerin als schwierig und herausfordernd wahrgenommen; Sie selbst finden aber, dass er sehr aufgeweckt, neugierig und kontaktfreudig ist.

Paul zeigt besondere Ängste im Sportunterricht, mit denen der Sportlehrer nicht umgehen kann.

Jessica bekommt ihre Prüfungsangst nicht in den Griff.

Pauline hat Schwierigkeiten, auch kleinere Herausforderungen und Probleme selbstständig anzugehen. Immer braucht sie dabei Hilfe.

Sie sind völlig überrascht, als Sie erfahren, dass Ihre Tochter die letzten Monate immer wieder einmal den Unterricht geschwänzt hat.

Ihr Sohn klagt seit einiger Zeit über Übelkeit und Kopfschmerzen. Sie sind sich sicher, dass das etwas mit der Schule zu tun haben muss, kommen aber nicht richtig an ihn heran.

Hilfreiche Internet-Adressen

Die folgenden Internet-Adressen bieten Ihnen gute Informationsmöglichkeiten. Sie finden in der Regel dort auch konkrete Hinweise zu Kontakten oder nützlicher Literatur.
* www.familienhandbuch.de
* www.schulprobleme.info
* www.elternwissen.com
* www.schulpsychologie.de
* www.hinsehen-handeln-helfen.de
* www.bke.de

Weiterführende Literatur

Die folgenden Empfehlungen zu den einzelnen Themenbereichen stellen lediglich eine kleine Auswahl dar. Der Buchmarkt ist insgesamt so vielfältig, dass bestimmt auch andere Werke eine gute Hilfe sein können.

Erziehung allgemein

Bischhoff, Andrea: Lexikon der Erziehungsirrtümer. Von Antiautorität bis Zähneputzen. Piper, München 2009.

Juul, Jesper: Dein kompetentes Kind. Auf dem Weg zu einer neuen Wertgrundlage für die ganze Familie. Rowohlt, Reinbek bei Hamburg 2009.

Kiewel, Andrea: Mama, du bist nicht der Bestimmer. Herder, Freiburg im Breisgau 2006.

Maier-Hauser, Heidi: Lieben – ermutigen – loslassen. 10. Aufl. Beltz, Weinheim 2011.

Raffauf, Elisabeth: Das können doch nicht meine sein – Gelassen durch die Pubertät. Beltz, Weinheim 2000.

Spitzer, Gerhard: Entspannt erziehen. Ueberreuter, Wien 2007.

Wahlgren, Anna: Das Kinder-Buch. Beltz, Weinheim 2004.

Weikert, Annegret: Kindererziehung. Bewährte Ratschläge für jedes Alter. Gondrom, Bindlach 2005.

Schulprobleme – Lernprobleme – Mobbing

Autorenteam: KinderKinder. Themenpaket Schule: Schulprobleme erfolgreich lösen! Beltz, Weinheim 2010.

Edelmann, Katrin / Gebauer-Seserthenn, Birgit: Erfolgreich durch die Grundschule. ObersteBrink, Düsseldorf 2010.

Erb, Helmut: Gewalt in der Schule – und wie du dich dagegen wehren kannst. Ueberreuter, Wien 2007.

Jannan, Mustafa: Das Anti-Mobbing-Buch. Beltz, Weinheim 2010.

Knödler, Henning / Knödler, Uwe: Schulprobleme lösen: Ein Handbuch für die systemische Beratung. Neuausgabe. Beltz, Weinheim 2010.

Lehmann, Ischta: Motivation. Wie Eltern ihr Kind unterstützen können. dtv, München 2008.

Mertes, Klaus / Siebner, Johannes: Schule ist für Schüler da. Warum Eltern keine Kunden und Lehrer keine Eltern sind. Herder, Freiburg im Breisgau 2010.

Nitsch, Cornelia / Schelling, Cornelia von: Schule ohne Bauchweh. Was Eltern, Schüler und Lehrer wissen sollten über Hausaufgaben, Zensuren, Prüfungsangst, Leistungsdruck. Goldmann, München 2001.

Olweus, Dan: Gewalt in der Schule. 4. Aufl. Huber, Bern 2006.

Spitczok von Brisinski, Ingo: Dazugehören. Wie Kinder ihren Platz in der Klasse finden. Cornelsen Scriptor, Berlin 2003.

Ein paar Träume zum Schluss

Ich träume

... von mehr Schulen, in denen es trotz aller Vorgaben von Lehrplänen, Standards und Qualitätskontrollen in erster Linie darum geht, die Entwicklung der Schüler zu fördern. In solchen Schulen werden auch die Bedürfnisse der Kinder und Jugendlichen wahr- und ernstgenommen. Und in solchen Schulen werden die Schüler und Lehrer gleichermaßen wertgeschätzt; Respekt und Toleranz sind keine Fremdworte.

... von mehr Unterricht, der den Schülern vielfältige Erfahrungen ermöglicht und Chancen bietet, sich zu entwickeln. Einem Unterricht, in dem sich Jungen und Mädchen gleichermaßen als selbstwirksam und wertvoll erleben und alle das Gefühl haben: Auf uns und unsere Beiträge und Fragen kommt es an.

... von mehr Lehrerinnen und Lehrern, die nicht überfordert sind, die selbst gerne in die Schule gehen und dort mit Freude und Engagement ihren Beruf ausüben.

... von mehr Schülerinnen und Schülern, die sich gerne auf das Lernen einlassen und sich auch dann anstrengen, wenn etwas nicht sofort klappt. Von Schülerinnen und Schülern, die sich auf den Unterricht vorbereiten, ihre Hausaufgaben sorgfältig machen und im Unterricht auch dann nicht stören, wenn es einmal nicht so interessant ist, wie sie es sich wünschen.

... von mehr Eltern und Erziehungsberechtigten, die ihre Kinder lieben, aber auch werteorientiert erziehen (z. B. zur Selbstständigkeit, Verantwortlichkeit, Solidarität, Toleranz, Gesundheit) und auch Tugenden wie Höflichkeit, Zuverlässigkeit, Ehrlichkeit, Rücksichtnahme usw. nicht vernachlässigen. Solche Eltern haben ein Auge auf den Bildschirmkonsum ihrer Kinder ebenso wie auf deren Ernährungsgewohnheiten oder den Freundeskreis. Sie setzen ihren Kindern die notwendigen Grenzen, damit sie wachsen und sich gut entwickeln können.

Anhang

Anmerkungen

1 Hentig, Hartmut von: Warum muss ich zur Schule gehen? dtv. München 2008.

2 Jürgs, Michael: Seichtgebiete. Warum wir hemmungslos verblöden. Bertelsmann, München 2009.

3 Steiner, Claude: Emotionale Kompetenz. dtv, München 2001.

4 Die Abkürzung PISA steht für »Programme for International Student Assessment«, TIMSS für »Trends in International Mathematics and Science Study«.

5 Hobmair, Hermann: Pädagogik. H. Stam, Köln 1996, S. 226.

6 Arlt, Marianne: Pubertät ist, wenn die Eltern schwierig werden. Neuausgabe. Herder, Freiburg im Breisgau 2009.

7 Juul, Jesper: Dein kompetentes Kind. Auf dem Weg zu einer neuen Wertgrundlage für die ganze Familie. Rowohlt, Reinbek bei Hamburg 2010, S. 224.

8 Hobmair, Pädagogik.

9 Bueb, Bernhard: Lob der Disziplin. Eine Streitschrift. List, Berlin 2006.

10 Vgl. Spitzer, Manfred: Vorsicht Bildschirm! Elektronische Medien, Gehirnentwicklung, Gesundheit und Gesellschaft. Klett, Stuttgart 2005.

11 Vgl. Janke, Klaus / Niehues, Stefan: Echt abgedreht. Die Jugend der 90er Jahre. 4. aktual. Aufl. C. H. Beck, München 1996.

12 Vgl. z.B. die von Prof. Uwe Schaarschmidt durchgeführte Potsdamer Lehrerstudie (Schaarschmidt, Uwe: Halbtagsjobber? Psychische Gesundheit im Lehrerberuf – Analyse eines veränderungsbedürftigen Zustands. Beltz, Weinheim / Basel 2004) oder die Forschungsergebnisse von Prof. Udo Rauin: Rauin, Udo: Im Studium wenig engagiert – im Beruf schnell überfordert. In: Forschung Frankfurt 3/2007, S. 60–64.

13 Glasl, Friedrich: Selbsthilfe in Konflikten. Haupt, Bern/Stuttgart/Wien 2007.

14 Vgl. hierzu den Artikel im Internet unter www.no-blame-approach.de.

15 Beispielsweise zuletzt in: Singer, Kurt: Die Schulkatastrophe, Beltz, Weinheim 2009. Siehe auch www.prof-kurt-singer.de

16 Gürtler, Helga: Umgang mit Lehrerinnen und Lehrern. www.familienhandbuch.de/schule/familie-und-schule/umgang-mit-lehrerinnen-und-lehrern (Zugriff: 7.11.2011).

17 Z. B. in NRW § 65.
18 Gerhard Eikenbusch. In: Pädagogik 9/2006. Von der stillen Partnerschaft zum aktiven Dialog. Wege zur Elternarbeit in der Schule, S. 7 f.

Literatur

Arlt, Marianne: Pubertät ist, wenn die Eltern schwierig werden. Neuausgabe. Herder, Freiburg im Breisgau 2009.

Bradshaw, John: Das Kind in uns. Droemer Knaur, München 2000.

Bueb, Bernhard: Lob der Disziplin. Eine Streitschrift. List, Berlin 2006.

Eikenbusch, Gerhard: Von der stillen Partnerschaft zum aktiven Dialog. Wege zur Elternarbeit in der Schule. In: Pädagogik 9/2006, S. xy–xy.

Glasl, Friedrich: Selbsthilfe in Konflikten. Haupt, Bern/Stuttgart/Wien 2007.

Gürtler, Helga: Umgang mit Lehrerinnen und Lehrern. www.familienhandbuch.de/schule/familie-und-schule/umgang-mit-lehrerinnen-und-lehrern (Zugriff: 7.11.2011)

Hentig, Hartmut von: Warum muss ich zur Schule gehen? dtv, München 2008.

Hobmair, Hermann: Pädagogik. H. Stam, Köln 1996.

Janke, Klaus/Niehues, Stefan: Echt abgedreht. Die Jugend der 90er Jahre. 4. aktualis. Aufl. C. H. Beck München 1996.

Jürgs, Michael: Seichtgebiete. Warum wir hemmungslos verblöden. Bertelsmann, München 2009.

Juul, Jesper: Dein kompetentes Kind. Auf dem Weg zu einer neuen Wertgrundlage für die ganze Familie. Rowohlt, Reinbek bei 2010.

Merkle, Rolf: Hilfe bei der Bewältigung von Krisen. http://www.palverlag.de/Lebenskrise/html.

Schaarschmidt, Uwe: Halbtagsjobber? Psychische Gesundheit im Lehrerberuf – Analyse eines veränderungsbedürftigen Zustands. Beltz, Weinheim/Basel 2004.

Schulgesetz in Nordrhein-Westfalen: http://www.schulministerium.nrw.de/BP/Schulrecht/Gesetze/SchulG_Info/Schulgesetz.pdf.

Singer, Kurt: Die Schulkatastrophe. Beltz, Weinheim 2009.

Spitzer, Manfred: Vorsicht Bildschirm. Videomitschnitt.

Steiner, Claude: Emotionale Kompetenz. dtv, München 2001.

Zitatnachweis

21 J. Bradshaw: Das Kind in uns. Für die deutsche Ausgabe © 1992 Droemersche Verlagsanstalt Th. Knaur Nachf. GmbH & Co. KG, München.

172

Viele kleine Schritte zum Erfolg

Wolfgang Bergmann
Ganz bei der Sache
Wie Sie Ihrem Kind bei Konzentrations-
schwächen und Lernproblemen helfen können
Neuausgabe

Format 14 x 22 cm
160 Seiten
Paperback
ISBN 978-3-8436-0149-8

Viele Kinder haben Probleme mit dem schulischen Lernen. Sie sind zwar intelligent – können aber trotzdem nicht richtig lesen, schreiben oder rechnen. Denn es fällt ihnen schwer, sich zu konzentrieren und ihre Aufmerksamkeit zu bündeln. Sie sind unruhig oder überaktiv. Der bekannte Erziehungswissenschaftler Wolfgang Bergmann weiß, wie Eltern ihrem Kind helfen können: durch Ermutigung und eine geduldige, lernfreundliche Haltung. Und durch wirkungsvolle, konkrete Übungen, mit deren Hilfe Kinder Konzentrationsschwächen überwinden und wieder Spaß am Lernen finden können. Es sind die kleinen Schritte, die zum Erfolg führen!

PATMOS
www.patmos.de

Achtsamkeit in der Erziehung

SIGRID
TSCHÖPE-SCHEFFLER
HELMUT TSCHÖPE
Spiritualität
im Zusammenleben
mit Kindern

GROSSE KRAFT
IN KLEINEN DINGEN

PATMOS

Sigrid Tschöpe-Scheffler / Helmut Tschöpe
Große Kraft in kleinen Dingen
Spiritualität im Zusammenleben mit Kindern

Format 14 x 22 cm
ca. 160 Seiten
Paperback
ISBN 978-3-8436-0150-4

Das Zusammenleben mit Kindern kann eine spirituelle Erfahrung sein. Denn Kinder sind ein »wunderbares Geheimnis« (Janusz Korczak), und auch die kleinen Dinge des Alltags haben geheimnisvolle Tiefendimensionen. Spiritualität bedeutet nicht die Flucht vor der Welt, sondern ihre bewusste Wahrnehmung und Gestaltung. Sigrid Tschöpe-Scheffler und Helmut Tschöpe greifen fünf Bereiche aus dem Familienalltag heraus: Räume und Ortswechsel, Sprache und Kommunikation, Handeln und Verhalten, Fest und Feier, Umgang mit Leid und Abschied. Sie zeigen in ihrem Buch: Spiritualität im Zusammenleben mit Kindern meint nicht nur religiöse Rituale, sondern Achtsamkeit, Sinnerfahrung und das Sich-Einlassen auf die Energien des Lebens – mitten im Alltag. So können Eltern ihren Kindern Halt und Kraft geben und für die Herausforderungen des Lebens stärken.

PATMOS
www.patmos.de